LE ROMAN DE L'OCCITANIENNE ET DE CHATEAUBRIAND

PUBLIÉ PAR

LA COMTESSE DE SAINT-ROMAN
NÉE CASTELBAJAC

Avec 70 lettres inédites de Chateaubriand

Préface de ROBERT DE FLERS, de l'Académie française

Avec un portrait

PARIS
LIBRAIRIE PLON
PLON-NOURRIT ET Cie, IMPRIMEURS-ÉDITEURS
8, RUE GARANCIÈRE - 6^e

Tous droits réservés

LE ROMAN
DE L'OCCITANIENNE
ET
DE CHATEAUBRIAND

A LA MÊME LIBRAIRIE

Édition de luxe *du même ouvrage*

Dans le format in-4° tellière avec cinq héliogravures et quatre fac-similés de lettres autographes, comprenant :

75 exemplaires sur papier des manufactures impériales du Japon, numérotés de 1 à 75 ;

500 exemplaires sur papier à la cuve, d'Arches, numérotés de 76 à 575 ;

25 exemplaires hors commerce dont 10 sur Japon et 15 sur papier d'Arches, numérotés de A à Z

Ce volume a été déposé au ministère de l'intérieur en 1925.

Mlle LÉONTINE DE VILLENEUVE

(à l'âge de seize ans)

L'OCCITANIENNE DES « MÉMOIRES D'OUTRE-TOMBE »

Née en 1803, morte en 1897, mariée, en 1829, au comte
Adolphe de Castelbajac.

(Portrait peint en 1819 par un inconnu).

LE ROMAN DE
L'OCCITANIENNE
ET DE
CHATEAUBRIAND

PUBLIÉ PAR

LA COMTESSE DE SAINT-ROMAN
NÉE CASTELBAJAC

Avec 70 lettres inédites de Chateaubriand

Préface de ROBERT DE FLERS, de l'Académie française

Avec un portrait

PARIS
LIBRAIRIE PLON
PLON-NOURRIT ET Cⁱᵉ, IMPRIMEURS-ÉDITEURS
8, RUE GARANCIÈRE - 6ᵉ

Tous droits réservés

PRÉFACE

D'incomparables documents, confiés à notre ami P.-B. Gheusi, permettent aujourd'hui d'offrir au public le plus ardent et le plus chaste des romans vécus. Malgré cela, il ne saurait causer aucune déception. La grâce et le génie s'y sont donné rendez-vous. Un siècle écoulé en a respecté la fraîcheur. Les fleurs, depuis si longtemps coupées, entre les feuillets jaunis de l'herbier, n'ont perdu de leur parfum que ce qu'il convenait pour qu'il fût plus délicieux encore. A peine l'a-t-on respiré qu'aussitôt ressuscite un passé embelli d'émotions toutes neuves, aux aspects grandioses, un peu désuets, et dont l'énigme enfin déchiffrée, après tant d'hypothèses, de soupçons et de doutes accumulés au cours des années, nous ménage, en fin de compte, cette surprise merveilleuse et charmante : un scandale de pureté.

Les deux héros de cette aventure, jusqu'ici demeurée mystérieuse et qui va entrer dans l'his-

*toire littéraire, sont M. de Chateaubriand et la
comtesse de Castelbajac, née Léontine de Villeneuve, dont le véritable nom, jusqu'à ces derniers
mois, avait été dissimulé, dans les Mémoires
d'outre-tombe, sous celui de l'Occitanienne (1).
Il semble que Mlle de Villeneuve s'était donné
elle-même cet harmonieux pseudonyme — en
pensant à Toulouse, la plus grande ville de cette
partie de la France, que le Moyen âge appelait
Occitanie — et que la lyre et l'accent des trouba-
dours emplissaient d'allégresse.*

*En l'an 1829, M. de Chateaubriand, sans qu'il
faiblît sous le poids d'aussi nombreux fardeaux,
était chargé de grandeurs et d'amours. Au titre de
pair de France, il joignait ceux de ministre d'État,
de membre de l'Académie française et d'ambassadeur de S. M. le roi de France auprès du
Saint-Siège. Ses amis sont au pouvoir. Il a eu*

(1) L'Occitanie, dans la langue du moyen âge, désignait
tout le pays où se parlait la langue d'oc. Le terme avait été
remis à la mode par la curiosité que le romantisme naissant
manifestait pour les lettres médiévales et pour l'art des trou-
badours. Les poètes des Jeux Floraux, rétablis à Toulouse au
début du siècle et ranimés avec éclat par la Restauration, ai-
maient à s'en parer. Il était également familier à Chateaubriand, qui reçut le titre de maître ès Jeux Floraux en 1821,
et à Mlle de Villeneuve, qu'il désignera dans l'histoire littéraire.
On verra plus loin que c'est elle qui, dans sa première lettre
à Chateaubriand, s'attribua le surnom de « l'Occitanienne ».
Elle le méritait doublement puisqu'elle était née à Toulouse,
véritable capitale de l'Occitanie.

« *sa guerre d'Espagne* » *et, grâce à l'élection du nouveau Souverain Pontife, Pie VIII, il vient d'avoir* « *son pape* ». *Ce n'est pas tout, il a obtenu son congé, ou plutôt un congé, qui lui permet de quitter Rome et de passer plusieurs mois en France. Il arrive à Paris dans les tout derniers jours de mai. Il fait sa cour au roi, éblouit la Chambre des pairs de phrases majestueuses et achète des chevaux anglais qu'il expédie à Rome. Non seulement M. de Chateaubriand resplendit au premier rang de l'État, mais ses soixante ans passés n'ont point écarté de lui les plus flatteuses adorations féminines.*

Avant de s'éloigner de la ville des Césars, il a pris tous les arrangements pour que la jolie Mme Hortense Allart, qui s'était présentée à lui le jour de Pâques et qui, tout de suite, avait manifesté un vif désir de lui être agréable, pût venir le rejoindre sans tarder. A Paris, une autre admiratrice, la marquise de Vichet, le guette, le sourire aux lèvres et les yeux pleins de larmes. Il se prépare, en outre, au « *grand plaisir* » *de retrouver Mme Récamier, qui, déjà quadragénaire,* « *était venue se brûler à un volcan éteint* ». *Quant à Mme de Chateaubriand, elle accompagnerait, à Paris, puis irait bientôt attendre à Nice son* « *magnifique scélérat d'époux* », *indulgente à lui-même et à ses* « *madames* ».*

Comment le grand vicomte n'eût-il pas été ravi? Malgré son âge, à cause de son âge peut-être, il s'abandonne à l'ivresse de plaire, au seul amour que, sans doute, il ait profondément éprouvé : l'amour d'être aimé. Le vieil enchanteur veut encore qu'on l'enchante. Il n'a point renoncé à donner au visage mobile du caprice les traits éternels de la passion; mais les mirages qu'il fait surgir à chaque tournant de sa route — et sa route tourne sans cesse — n'ont point suffi à masquer son véritable destin. Jeune, il aima dans les femmes les promesses de la gloire qu'il n'avait pas encore; vieux, il aima en elles la jeunesse qu'il n'avait plus. Jamais avec autant de splendide complaisance qu'en cette année 1829, il n'offrit à des « sylphides » choisies le plus somptueux et le mieux meublé des désenchantements. Une flamme nouvelle va l'éclairer d'une clarté brillante et douce.

*
* *

Après quelques semaines passées à Paris, M. de Chateaubriand arriva vers la fin de juillet à Cauterets, où il devait faire une saison d'eaux; il comptait ensuite aller retrouver Mme de Chateaubriand sur les bords de la Méditerranée.

Aucune inquiétude ne l'assiège. La cure s'annonce excellente; il fait de belles excursions, se croyant « dans les escarpements de la Sabine ». Il dépense « tous ses efforts pour être triste »; mais il n'y parvient pas, et alors, naturellement, il est désolé. Il se console en composant « quelques strophes sur les Pyrénées ». C'est sur ces entrefaites qu'il lui arriva la touchante aventure dont il effleure le souvenir dans les Mémoires d'outre-tombe.

Voilà, écrit-il, qu'en poétisant je rencontrai une jeune femme assise au bord du Gave; elle se leva et vint droit à moi; elle savait, par la rumeur du hameau, que j'étais à Cauterets. Il se trouva que l'inconnue était une Occitanienne, qui m'écrivait depuis deux ans sans que je l'eusse jamais vue : la mystérieuse anonyme se dévoila ; patuit Dea.

J'allai rendre ma visite respectueuse à la naïade du torrent. Un soir qu'elle m'accompagnait lorsque je me retirais, elle me voulut suivre; je fus obligé de la reporter chez elle dans mes bras. Jamais je n'ai été si honteux : inspirer une sorte d'attachement à mon âge me semblait une véritable dérision; plus je pouvais être flatté de cette bizarrerie, plus j'en étais humilié, la prenant avec raison pour une moquerie. Je me serais volontiers caché de vergogne parmi les ours, mes voisins. J'étais loin de me dire ce que disait Montaigne : « L'amour me rendroit la vigi-

*lance, la sobriété, la grâce, le soin de ma personne... »
Mon pauvre Michel, tu dis des choses charmantes,
mais à notre âge, vois-tu, l'amour ne nous rend pas
ce que tu supposes ici. Nous n'avons qu'une chose
à faire : c'est de nous mettre franchement de côté.
Au lieu donc de me remettre aux estudes sains et
sages par où je pusse me rendre plus aimé, j'ai
laissé s'effacer l'impression fugitive de ma Clémence
Isaure; la brise de la montagne a bientôt emporté
ce caprice d'une fleur; la spirituelle, déterminée et
charmante étrangère de seize ans m'a su gré de m'être
rendu justice : elle est mariée.*

** **

*Qui était l'Occitanienne? On se le demanda
pendant trois quarts de siècle. Peu d'années
après l'apparition des* Mémoires d'outre-tombe,
en 1859, *le comte de Marcellus, qui avait été le
secrétaire d'ambassade et l'ami de Chateaubriand,
écrivait, dans son livre* Chateaubriand et son
temps, *quelques lignes dont la discrétion piqua,
pour un temps, la curiosité de l'opinion. « Faut-il
dire, insinuait M. de Marcellus, que malgré les
réticences de l'auteur, il me semble que je pourrais
nommer l'héroïne de l'aventure? » Puis le calme se
fit autour de l'Occitanienne et ce n'est qu'en* 1903

et 1904 *que l'attention fut de nouveau attirée sur sa mystérieuse personne, à la suite de deux publications, celle de la correspondance de Chateaubriand avec la marquise de Vichet, qu'avait précédée celle de plusieurs fragments retrouvés à la Bibliothèque nationale, constituant une sorte de confession amoureuse, adressée à une jeune inconnue et que fit paraître en* 1899, *dans la* Revue des Deux Mondes, *un critique éminent,* M. Victor Giraud. *Celui-ci rattacha ces feuillets à l'épisode de l'Occitanienne. La question se trouvait ainsi posée avec une vivacité nouvelle et fut aussitôt discutée par des écrivains célèbres. Melchior de Vogüé pensait pouvoir identifier l'Occitanienne avec la marquise de Vichet. Supposition que devait reprendre plus tard, avec beaucoup d'ingéniosité,* M. Gabriel Faure. *Faguet inclinait vers l'hypothèse d'une passante de moindre importance : « Je parie, disait-il, pour la grisette. » L'abbé Pailhès, sans prendre parti dans le débat, croyait apercevoir sous le voile de l'Occitanienne une* Mme *de Vatry, née Hainguerlot. Plusieurs critiques en vinrent même à songer que l'Occitanienne aurait fort bien pu ne pas exister et que l'épisode des Mé-*moires d'outre-tombe *n'était qu'une invention de Chateaubriand, désireux de faire collaborer son imagination à l'histoire amoureuse de son*

*existence. Seul, M. Victor Giraud, avec une re-
marquable perspicacité, continua de croire à la
réalité de l'Occitanienne.*

*Enfin, le 15 octobre 1923, sous la signature
d'un érudit toulousain, M. L. de Santi, une petite
revue parisienne :* la Vie politique et littéraire,
*affirma qu'elle était en mesure de donner une
titulaire à l'Occitanienne et que celle-ci n'était
autre que Léontine de Villeneuve, depuis comtesse
de Castelbajac, née en 1803 et appartenant à une
des plus anciennes familles du Midi occitanien.
Dans le* Gaulois *du 30 août dernier, M. Victor
Giraud reprenait et précisait ces indications.
Cette divulgation permit au* Figaro — *nous
allons dire pourquoi — de publier le roman de
l'Occitanienne et de M. de Chateaubriand, dont
la première partie contient les* Confidences *de
Léontine de Villeneuve et la seconde, soixante-
dix lettres inédites de l'illustre écrivain. C'est la
propre petite-fille de Mme de Castelbajac, la
comtesse de Saint-Roman, femme d'infiniment de
cœur et d'esprit, qui nous fit l'honneur de confier à notre journal ces précieux manuscrits.
Nous allons expliquer comment Mme de Saint-
Roman remplissait ainsi le plus touchant et le
plus pieux des devoirs, circonstances qu'elle-
même a bien voulu préciser dans un avant-
propos.*

*
* *

C'est en 1849, *dans le journal* la Presse *où les* Mémoires d'outre-tombe *achevaient de paraître en feuilletons, que Mme de Castelbajac, qui s'était mariée en novembre* 1829 *et qui était la plus tendre, la plus noble et la plus dévouée des épouses, put lire le fragment où Chateaubriand faisait allusion la rencontre de Cauterets, dont elle seule possédait le secret. Profondément émue par cette demi-révélation, Mme de Castelbajac écrivit, à diverses reprises, des notes, des explications justificatives, qui constituent le plus émouvant des examens de conscience.* « *En présence d'un passage des* Mémoires d'outre-tombe, *ma réputation à relever m'obligera peut-être, selon les circonstances, à appeler sur les lettres de M. de Ch... une publicité que je leur aurais refusée. Quelques lignes ayant étrangement dénaturé la vérité, je dois leur opposer les nombreuses pages d'une correspondance qui comprend des années. M. de Ch... démontrera ainsi, lui-même, ce qu'a été pour moi cette liaison d'âme à âme, si pure et si distincte du sentiment que le passage me concernant semble indiquer.* » *Et Mme de*

Castelbajac analyse et définit, avec une minutieuse sincérité : « Le génie, ce prestige qui semble venir du ciel, avait tourné ma tête et égaré mon cœur dans cette région de l'adoration où ne sauraient monter les amours terrestres. Les hommes doués exceptionnellement ont presque tous inspiré ces passions de l'âme. » Et ailleurs : « Mon âme avait été saisie par ce tourbillon de renommée et emportée dans une de ces sphères qui ne semblent pas appartenir à ce monde. Enfant, on m'avait fait brûler de l'encens devant cet autel, ne pouvant comprendre encore le dieu. Il se révéla tout à coup à la jeune fille qui sentit grandir en elle ce sentiment d'enthousiasme renvoyé par mille échos. » Ailleurs encore : « Je me jetai, cœur et âme, dans cette correspondance qui réalisait tous mes songes. Les lettres de M. de Ch... étaient charmantes ; mais elles devaient exalter bien plus encore ce sentiment indéfinissable qui me semblait être descendu sur la terre sans quitter les cieux. Il était noble, il était pur ce sentiment, et si on lui eût donné le nom d'amour, c'eût été comme on le donne à l'amour filial, à l'amour fraternel, aux plus nobles passions humaines. »

Mme de Castelbajac ne s'en tint pas à ces notes éparses, et elle rédigea dans une suite de Confidences, où se manifeste à tous moments l'âme la plus pure et la plus noble, le récit de la fervente et chaste aventure qui, pendant quelques mois, unit son cœur à l'imagination de M. de Chateaubriand. Elle serra soigneusement dans un coffret les notes, les confidences et aussi les lettres du grand homme. Elle avait tout d'abord songé à les anéantir : « J'aurais donc, dit-elle, détruit ces lettres, après les avoir relues, la main sur ma conscience, sans un article inconcevable des Mémoires d'outre-tombe. Mais en présence de ces lignes, je me dois à moi-même de conserver cette correspondance, parce que là se trouvent explication, justification et mémoire vengée par la même plume qui a essayé, en quelques lignes, d'effacer tant de pages irrécusables et de dénaturer, au profit de je ne sais quel amour-propre ou ressentiment, ce qui pouvait être dit si noblement, si purement, sans risquer de laisser la vérité s'égarer. » Le coffret une fois fermé, Mme de Castelbajac désigna sa nièce, la duchesse de Reggio, et sa petite-fille, la comtesse de Saint-Roman, comme devant prendre connaissance, après sa mort, de son contenu et agir suivant ses instructions, qui étaient celles-ci : « Ces lettres pouvaient être publiées après un délai fixé; mais si jamais il arrivait qu'on vînt à supposer que c'était elle qui, dans les Mémoires d'outre-tombe, était désignée sous le nom de l'Occitanienne, la publication des lettres et des confidences devait être immédiate et complète. »

Le jour où la véritable personnalité de l'Occitanienne fut dévoilée par M. de Santi, la petite-fille de la comtesse de Castelbajac songea aussitôt à exaucer le vœu suprême de sa grand'mère. Elle voulut bien, pour l'aider à accomplir ce pieux devoir, choisir le Figaro. Nous tenons à lui en exprimer ici notre respectueuse gratitude.

Robert DE FLERS,
de l'Académie française.

AVANT-PROPOS

PAR

LA PETITE-FILLE DE L'OCCITANIENNE

———

La correspondance qu'on va lire ne fut montrée à personne durant la vie de ma grand'-mère, la comtesse de Castelbajac.

Elle parlait parfois de Chateaubriand, de l'admiration qu'elle lui avait vouée, et que toute son époque partageait, de la visite qu'il fit à Toulouse en 1838. Mais ce n'est que par des recommandations posthumes que nous avons connu ces lettres et les explications qui les accompagnent. Ma grand'mère avait déposé tous ces documents dans un coffret qu'elle avait confié aux mains de notre excellent ami M. Louis Deloume : celui-ci devait nous le remettre cinq ans seulement après qu'elle serait morte. Elle désignait en particulier sa nièce, la duchesse de Reggio, née Castelbajac, et moi-même comme devant en prendre connaissance et agir suivant ses instructions qui étaient celles-ci : ces lettres pouvaient être publiées, si nous le jugions à propos, après un délai fixé. Mais si jamais il arrivait qu'on vînt à supposer que c'était elle qui, dans les *Mémoires d'outre-tombe*, était désignée sous le nom de « l'Occitanienne », la publication des lettres devait être immédiate et complète. Je n'ai rien à ajouter aux raisons que fait si bien valoir ma grand'mère pour qu'il en fût ainsi.

Nous avions pris la résolution de nous abstenir de toute publication et de garder en famille le secret de cet épisode sentimental de la plus irréprochable des existences, lorsque des articles de journaux sont venus m'apprendre que le nom de ma grand'mère avait été prononcé et qu'il était exposé aux hypothèses et aux conjectures qui avaient déjà entouré le personnage mystérieux de l'Occitanienne. Dès lors, il n'y avait plus à hésiter, et, pour obéir à ses volontés dernières, il importait de dévoiler à tous ce qu'a été cet innocent roman.

Dans notre siècle positif et pratique, on a peine à comprendre une pareille exaltation

de sentiment ; il faut avoir connu la génération
d'alors pour se rendre compte de ce qu'était
l'ardente et pure sentimentalité qui fut le
propre du romantisme.

Léontine de Villeneuve était née en 1803,
et les très intéressants Mémoires qu'elle a laissés
révèlent ce qu'ont été son enfance et sa jeunesse, qui s'écoulèrent dans le pittoresque château d'Hauterive, vieille forteresse émergeant
des eaux du Thoré. Un voisinage nombreux
animait ce coin de province ; des jeunes filles
du même âge s'y rencontraient chaque jour
dont la littérature était la distraction préférée.
M. de Blay de Gaïx, en publiant un ouvrage
sur sa grand'tante Coraly de Gaïx, a ressuscité
d'une façon charmante ce milieu qui fut celui
de ma grand'mère. Témoin le passage où il
raconte le premier essai de correspondance avec
Chateaubriand, comploté par ces jeunes filles,
encore presque des enfants. J'emprunte ce
récit savoureux au manuscrit relié donné par
Coraly de Gaïx à ma grand'mère et intitulé :
Souvenirs de notre enfance.

Après avoir parlé de leurs petites compagnes,
de leurs sœurs et de leurs amies, Coraly de Gaïx
dit :

« Léontine et moi, plus grandes, voulions être aussi plus raisonnables. Nos mères, après nous avoir lu quelques pages du *Génie du christianisme*, nous avaient livré l'*Itinéraire*, de Chateaubriand, ce qui acheva de nous tourner la tête ; ce n'était plus que promenades sentimentales ; nous ne rêvions que pèlerinages et caravanes. Les ruines du vieux château nous représentaient les débris d'Athènes ou de Sparte et nous criions : Léonidas ! à nous enrouer. Lorsque Léontine était à Hauterive, notre correspondance, plus active que jamais, n'était remplie que de Chateaubriand. Comme nous aurions voulu le voir, l'entendre, lui parler ! Ses belles pages sur les Rogations, l'instinct de la patrie et tant d'autres que je ne cite pas, attendrissaient nos cœurs et faisaient couler nos larmes. Enfin notre admiration ne faisant que croître et embellir, nous résolûmes de lui écrire de concert en grand secret pour le prier de venir nous voir.

« Voici notre lettre :

MONSIEUR LE VICOMTE,

Nous n'avons l'honneur de vous connaître que par la beauté de vos ouvrages. Vous serez très étonné, monsieur, lorsque vous saurez que nous n'avons que quinze et dix-sept ans, mais l'enthousiasme qu'inspirent vos ouvrages est général à la vieillesse et à l'enfance. Nous vous avouons que nous n'avions pas beaucoup de goût pour le genre descriptif, mais votre style enchanteur nous l'a fait aimer. Les preuves de fidélité que vous avez données au roi nous sont connues, et, ayant partagé vos sentiments, nous nous faisons gloire d'avoir dans notre parti un auteur aussi distingué. Tout cela réuni nous a donné un vif désir de vous connaître ; c'est pourquoi nous serions bien flattées si quelque jour vous honoriez nos châteaux de votre présence. Nous ne pourrons pas vous présenter les rosiers de Jéricho, ni les palmiers de Cadès, ni les ruines de ces antiques tours qu'ont illustrées tant de preux chevaliers, mais vous verrez des chênes qui ont vu vieillir nos pères et qui leur ont survécu... Au milieu d'une prairie s'élève un temple couvert de mousse, entouré de cyprès et de tombeaux ; à travers des bois antiques on arrive à des ruines qu'ont habitées nos aïeux. Elles n'existent plus, ces tours !... Ils sont épars, ces créneaux !... Quelques pierres restent encore et nous rappellent le néant des grandeurs humaines. Nous allons y rêver sur les vertus qu'ont pratiquées nos aïeux... Quelques fleurs qui croissent çà et là à l'ombre de ces vieilles murailles ; le hibou qui fait entendre son cri plaintif, des pierres qui s'écroulent, voilà le tableau qui se déroulera à vos regards et votre muse mélancolique trouvera là des sujets dignes d'elle (1).

Après vous avoir exposé les beautés que vous trouverez à Gaïx et à Hauterive, nous oserons, monsieur, vous engager à venir illustrer ces lieux qui nous sont si chers et qui le seront bien davantage quand votre souvenir s'y rattachera.

Agréez, monsieur, l'assurance des sentiments de reconnaissance qui seront bien vifs si vous daignez accomplir les désirs de vos dévouées admiratrices.

CORALY DE GAÏX,
LÉONTINE DE VILLENEUVE.

« Après avoir terminé ce beau chef-d'œuvre, nous n'osâmes pas le confier à la poste sans en prévenir nos mères, qui, comme on le pense bien, rirent beaucoup de notre folie et en empêchèrent les suites.

« Mais pour cela notre amour pour l'illustre

(1) Les ruines du vieux château de Gaïx existent encore, à six kilomètres de Castres, séparées par trois à quatre kilomètres du château d'Hauterive, sur le Thoré, en amont des escarpements rouges de la Roque, d'où les Villeneuve écoutaient, en 1814, l'oreille collée au sol, les sourdes rafales de l'artillerie du maréchal Soult — dont le manoir domine, dans la même région, la combe de Saint-Amans — pendant la bataille de Toulouse, contre les Anglais de Wellington.

voyageur ne cessa pas ; il n'était plus question entre nous que de la fleur du désert et des cèdres du Liban, de son style inimitable et sublime. L'imagination de Léontine s'éveillait et s'exaltait de jour en jour. »

*
* *

De nos jours, un tel état d'esprit et d'âme paraît étrange et même invraisemblable ; mais les jeunes filles d'alors menaient une existence monotone et retirée dont on n'a guère idée à présent. Les saines activités du sport et du plein air leur étaient inconnues. Leur instruction, très poussée du côté littéraire, nulle du côté scientifique, servait d'aliment à leur imagination, enfiévrée par l'inaction et le manque de but dans la vie. Eugénie de Guérin, qui connaissait Coraly de Gaïx, mit à profit ce penchant romanesque pour poétiser la vie prosaïque qui l'entourait. Léontine de Villeneuve s'exalta dans l'admiration du génie de Chateaubriand et lui voua un véritable culte dont la correspondance qu'on va lire a gardé le reflet.

Mais son imagination seule était en jeu, non son cœur ; sa vie irréprochable de jeune fille pure, d'épouse aimante, de mère dévouée en est la preuve. Aussi, puisque je dois, selon sa volonté expresse, livrer au public ce qui fut si longtemps un secret de famille, je tiens à bien dire le respect et la vénération profonde que cette admirable aïeule a laissés à tous les siens, ainsi qu'à tous les amis qui l'ont connue.

Comtesse DE SAINT-ROMAN,
née CASTELBAJAC.

PREMIÈRE PARTIE

CONFIDENCES

(MANUSCRIT DE L'OCCITANIENNE)

Mme la comtesse de Saint-Roman a bien voulu communiquer elle-même un certain nombre de renseignements historiques et de souvenirs de famille pour éclairer les documents inédits qui vont suivre ; on les trouvera dans les notes suivies des initiales S. R.

Les autres notes et les renseignements qui, çà et là, relient les textes, sont : de M. P.-B. Gheusi, qui a fréquenté dans son enfance le château d'Hauterive et ses hôtes disparus ; et de M. Maurice Levaillant, auteur de *Splendeurs et Misères de M. de Chateaubriand.*

A ma chère nièce Pauline de Castelbajac,
duchesse de Reggio.

C'est pour ma chère nièce Pauline (1) que j'entreprends un récit intime, dont elle connaît cependant l'important résumé par les « explications justificatives » (2) que j'ai dû joindre aux lettres de M. de Chateaubriand.

Mais quelques pages ne me semblent pas suffisantes, lorsque je pense à l'épanchement de vive voix qui les aurait précédées, si j'avais eu le bonheur d'être réunie à ma chère Pauline

---

(1) Françoise-Louise-Pauline de Castelbajac, née en 1826, fille de Barthélemy-Jacques-Dominique-Armand, général marquis de Castelbajac, sénateur, ancien ambassadeur en Russie, et de Sophie de La Rochefoucauld, épousa, le 16 avril 1849, Charles-Louis-Victor Oudinot, troisième duc de Reggio. Elle est morte le 7 février 1907. (S. R.)

(2) A plusieurs reprises, dans le premier feu de « l'indignation » que lui avait causée la lecture des *Mémoires*, Mme de Castelbajac jeta sur le papier de brèves notes qui sont comme autant d'émouvants examens de conscience. En 1868, elle rédigea, en quatre grandes pages, un « résumé » de ses relations avec Chateaubriand ; ce sont les « explications » qu'elle indique ici. Tous ces documents se trouvaient avec les lettres dans le coffret légué à sa nièce et à sa petite-fille.

3

autrement que par quelques rares instants, que venaient séparer des années.

Ma nièce, certes, n'est pas ma contemporaine ; mais elle a vécu parmi les amis de tous les âges qui ont suivi le cours de ma vie.

D'ailleurs, le commencement de sa jeunesse a vu la fin de la mienne et elle a pu connaître l'estime accordée à la femme du monde, à l'épouse et à la mère.

J'ose dire que j'en étais digne dans le présent et aussi dans le passé. Les folles imaginations de la jeune fille avaient laissé sa vertu intacte jusqu'au fond de la pensée.

Ce long récit, où une conscience scrupuleusement examinée se dévoile entièrement, le démontrera, j'espère, à celle à qui je l'adresse de cœur à cœur.

EXTRAIT DE QUELQUES PAGES

écrites sous l'impression d'un juste ressentiment, aussitôt après la publication des *Mémoires* de M. de Chateaubriand. Ces pages sont réunies à ses lettres, comme défense.

Un passage des *Mémoires d'outre-tombe* ayant étrangement dénaturé la vérité en ce qui se trouve me concerner, je dois lui opposer les nombreuses pages d'une correspondance qui comprend des années. M. de Chateaubriand démontrera ainsi lui-même ce qu'a été pour moi cette liaison d'âme à âme, si pure et si distincte du sentiment que ce passage semble indiquer. J'ignore quel est le mobile qui l'a dicté, mais on croirait qu'il a été l'objet d'une étude réfléchie pour transformer le *vrai* en *faux*.

Je prends pour exemple les lignes suivantes :

« Voilà qu'en poétisant je rencontrai une jeune femme assise au bord du Gave... »

Tableau fictif et de complète invention ! Ma nièce de Reggio a dû savoir par sa mère ma belle-sœur, où cette première entrevue a eu lieu. C'est dans un salon où nous étions ensemble, elle et moi.

« ... *Elle savait par la rumeur du hameau que j'étais à Cauterets...* »

On verra dans les lettres de M. de Chateaubriand qu'il n'y était venu que *pour moi*, entraîné, j'ose le croire, par les sentiments élevés et délicats de notre correspondance.

« ... *Il se trouva que l'inconnue était une Occitanienne qui m'écrivait depuis deux ans sans que je l'eusse jamais vue. La mystérieuse* anonyme *se dévoila...* »

Et lui aussi, depuis deux ans, écrivait à cette inconnue. Et loin d'être une *mystérieuse anonyme*, elle s'était nommée après les premières lettres ; et *nom et famille* étaient parfaitement connus de M. de Chateaubriand.

Puis vient ce récit bizarre, incroyable, cette mise en scène dont l'invraisemblance se démontre par elle-même... et qui me fait baisser les yeux pour M. de Chateaubriand, moi qui les avais toujours levés avec une conscience si calme sur celui que je me plaisais à appeler mon demi-dieu.

Oui, le génie, ce prestige qui semble venir du ciel, avait égaré ma tête dans cette région de l'adoration où ne sauraient monter les amours terrestres. Les hommes doués exceptionnellement ont presque tous été l'objet de passions semblables.

Les lettres de ce vieillard et, plus tard, ses paroles, si respectueusement affectueuses, cette amitié de loin et de près, si simplement offerte (1), tout s'était réuni pour transformer le rêve, et donner une valeur réelle à un attachement qui devint capable d'inspirer *le plus pur des dévouements* ou, du moins, d'en laisser naître la pensée rapide comme un éclair et comme lui aussitôt effacée.

Et c'est ce dévouement sur lequel M. de Chateaubriand n'a pas craint de laisser planer de flétrissants soupçons !... Lui qui n'avait qu'à se répéter ces mots d'une de ses lettres, après Cauterets : « Un couvent auprès de moi (2) aurait été un roman digne de ma vie. »

(1) Expression même de Chateaubriand : « Comment voulez-vous que j'exprime ce que je sens?... De l'attendrissement et de la réciprocité pour une amitié si simplement et si généreusement offerte... » (Lettre du 21 mars 1828.)

(2) Lettre du 12 novembre 1829. On verra plus loin, qu'à Cauterets, « l'Occitanienne » offrit à Chateaubriand de rompre tous les projets de mariage formée pour elle, afin d'aller vivre auprès de lui, à Rome, dans un couvent.

CONFIDENCES

Récit intime.

Dans quelques pages intitulées : *Ma Vie littéraire* (1), j'ai dit bien des choses qui peuvent se rattacher au roman de ma vie, à cette *passion* qui n'a été ni l'amour, ni l'amitié ordinaire, parce qu'elle venait bien plus de l'âme que du cœur.

Mon imagination, dès mon premier âge, s'était égarée tellement dans les hautes sphères qu'elle ne les a point quittées, même en redescendant sur la terre. De là est venue l'innocence qui n'a cessé d'accompagner un sentiment capable d'exercer, durant des années, une influence si dominante. Et j'ose dire que ma conscience ne s'en est pas émue lorsque la froide raison est venue l'interroger.

Il a fallu l'étrange passage des *Mémoires* de M. de Chateaubriand pour troubler mes souvenirs. En présence de ce *vrai* et de ce *faux*

(1) Manuscrit inédit.

ainsi mêlés, et je puis ajouter ainsi travestis, l'effroi m'a saisie. Je me suis demandé si je me trouvais réellement vis-à-vis de moi-même dans cette personne dont je ne reconnaissais pourtant ni les sentiments, ni les actions. Mais ma fierté a pu se relever lorsque j'ai traduit chaque ligne de cette page au tribunal de l'exacte vérité.

A plusieurs reprises, cette investigation a été renouvelée ; car ces lignes, reproduites dans ma mémoire, venaient parfois effrayer mon esprit à la façon d'un fantôme... et toujours il s'est évanoui. Cependant, le découragement me prend souvent lorsque je me redis :

— La page n'en existe pas moins...

C'est pour cela que j'ai conservé les lettres que je lui oppose et que je consens à livrer, après moi, à ma famille, malgré une répugnance que je surmonte avec peine.

Je veux reprendre aujourd'hui mon examen, afin de l'approfondir plus encore et, pour cela, je vais faire revivre les jours de Cauterets. Mais, auparavant, je dois raconter de quelle manière s'est engagée ma correspondance avec M. de Chateaubriand et comme quoi elle s'est continuée activement pendant deux années.

Il est nécessaire aussi de remonter encore davantage dans mon passé, pour rappeler le *rêve* qui vint unir fictivement mon existence à celle de M. de Chateaubriand, à l'époque de ma vie où les ailes naissantes de mon imagination, prenant leur essor, s'élancèrent vers l'idéal.

*
* *

M. de Chateaubriand, par son âge, pouvait presque être deux fois mon père. Je ne l'avais jamais vu. Cependant, à quinze ans, je lui avais donné la partie la plus éthérée de mon âme.

Dès quinze ans, lisant *le Génie du christianisme* et l'*Itinéraire*, mon enthousiasme, empruntant le langage de la mythologie, le proclamait un *demi-dieu*. Admiration pour le génie, attrait du cœur pour l'homme... voilà ce qui venait de se révéler à moi. Au dieu je prodiguai mon encens : à l'ami inconnu je vouai un sentiment qui s'élevait comme une flamme et se plaisait à se manifester à tous les yeux.

Ce nom d' « ami », je l'ai toujours redit tout haut, durant les années de jeunesse qui m'arrivaient successivement sans rien enlever au culte, sans détourner mon cœur de cette amitié qui devait être, un jour, « si simplement offerte... » comme l'a dit M. de Chateaubriand lui-même.

J'avais une famille, des compagnes aimées ; à ces divers sentiments vint se mêler, sans se confondre, celui que le rêve avait fait entrer dans ma vie.

J'ai raconté, autre part (1), mon existence exceptionnelle durant mon enfance et ma première jeunesse, et j'ai dit l'influence exercée par elle sur l'imagination que j'avais reçue de la nature.

De là est né « le roman intime » qui ne cessa jamais de se continuer dans la région de l'inconnu, à travers des événements bien peu en rapport avec l'élan de mon esprit. Mais la calme uniformité de ma vie semblait réagir en sens contraire

Lorsqu'un vague découragement venait me saisir, je passais ma main sur mes yeux comme pour ne plus voir l'horizon rétréci qui m'environnait et, me plongeant en moi-même, je revenais à mes songes, à cet illustre ami inconnu qui cependant n'était pas une ombre.

Ne pouvais-je espérer le rencontrer un jour

(1) Dans les *Mémoires* encore inédits légués à sa famille par Mme de Castelbajac. Elle y conte comment son enfance et sa première jeunesse s'écoulèrent dans la solitude, au château d'Hauterive, pareilles un peu à quelques années de l'enfance et de la jeunesse de Chateaubriand au château de Combourg.

et lui dire tout ce que ma pensée lui adressait depuis si longtemps, essayant de me consoler, par l'échange d'une amitié hors ligne, du désenchantement qui menaçait de plus en plus mon avenir sous la forme et par la puissance du mariage? Car je me voyais arrivée à l'époque où l'on se dit que bientôt l'on cessera de s'appartenir.

Le hasard ou le malheur avait voulu que jusqu'alors il se fût présenté des maris impossibles ou difficiles à accepter. J'en étais arrivée à frémir à la moindre ombre de proposition et j'en vins enfin à la pensée de les repousser toutes.

— Pourquoi ne pas demeurer libre, me disais-je? Libre même du sentiment d'amour, qu'on ne doit se permettre qu'en mariage et que le mariage, sans doute, ne pourrait m'accorder, puisqu'avant tout il faut me soumettre aux convenances de fortune et autres, celles du cœur ne comptant point?

L'amour ainsi rejeté hors de mes espérances, il me sembla que je respirais un air plus paisible et plus sain. Regardant autour de moi, je compris que sous cette influence heureuse j'aimais plus encore ceux que j'avais aimés jusqu'à ce jour.

C'est ainsi que je me fis une passion de

l'amitié. Il est si doux d'aimer avec calme, de pressentir que les tempêtes ne menacent pas le cœur et de se dire que pas un nuage ne viendra s'interposer entre le ciel et le regard !

Sous l'empire de cette nouvelle disposition de mon esprit se présenta la pensée d'écrire à « l'illustre ami », connu si intimement par ses livres et vis-à-vis duquel je demeurais toujours une étrangère dont l'existence ne lui serait même jamais révélée. C'était vers la fin de l'année 1827, à une époque où le nom de M. de Chateaubriand était journellement répété par les échos politiques et littéraires (1).

Je pris la plume en tremblant et, sous le pseudonyme d'Adèle, j'écrivis une lettre destinée,

(1) Depuis le mois de juin 1826, la publication des *Œuvres complètes* de Chateaubriand était menée avec activité par le libraire Ladvocat ; à côté des livres déjà célèbres paraissaient des œuvres inédites, entre autres *les Natchez* et les *Aventures du dernier Abencérage;* l'attention de toute une génération nouvelle était ainsi ramenée vers le père du romantisme. En politique, d'autre part, la lutte acharnée que Chateaubriand avait ouverte contre le ministère Villèle au lendemain de son renvoi brutal du ministère des Affaires étrangères (juin 1824) aboutissait à des résultats décisifs. Au mois de novembre 1827 (date à laquelle Mlle de Villeneuve écrivit sa première lettre) avaient lieu des élections à la Chambre des députés ; celle-ci, assemblée dans les tout derniers jours du mois, refusa son concours à Villèle qui présenta sa démission le 2 décembre. Chateaubriand faisait figure de maître de l'opposition ; les journaux retentissaient de son nom et l'indiquaient comme le chef probable du prochain ministère.

sans doute, me disais-je, à aller se confondre avec tant d'autres, adressées par tant de femmes aux célébrités éclatantes. Je n'osais donc trop espérer une réponse, malgré l'audacieuse ambition d'une correspondance nouée ainsi.

La réponse arriva, avec la grosse écriture que je connaissais par ses fac-similés. Elle était aimable et gracieuse. Je la lus avec émotion. J'y voyais poindre une indulgence qui m'encourageait à aller plus avant. A mon tour, je répondis, et longuement.

Mais cette lettre provoqua immédiatement une seconde réponse... foudroyante!!! L'anonyme, disait-on, caché ainsi sous le masque, était « un homme!... » et ce jeu inconvenant devait cesser.

Je me sentis désespérée! Mais, en même temps, ne pouvant deviner d'où provenait cette étrange équivoque, je me révoltai contre une accusation que je considérai comme une offense.

Je repris la plume, demandant hautement une explication. Puis je *signai* ma lettre, en annonçant que j'allais produire « un certificat de mon identité ».

Ce certificat fut un petit billet, sous la forme d'un hommage banal, qu'un de mes parents,

M. de Cambon (1), bien connu de M. de Chateaubriand, devait lui remettre, sans avoir été mis néanmoins dans la véritable confidence. L'authenticité de mon écriture devenait le témoin évoqué.

M. de Chateaubriand répondit, avant même d'avoir lu le billet, en disant : « Le nom de M. de Cambon arrange tout... » Puis, s'excusant, il ajouta qu'il s'était figuré avoir affaire à « un écolier de droit ».

Je répondis par des plaisanteries à cette singulière méprise. La correspondance, dès ce jour, se trouva engagée et devint très active des deux parts.

Je n'ai rien à dire des lettres de M. de Chateaubriand ; elles sont là pour être interrogées. Les miennes ont été détruites par

(1) François-Auguste de Cambon, né le 26 mars 1774, mort le 9 janvier 1836, était fils de Jean-Louis-Augustin-Emmanuel de Cambon, premier président à Toulouse, et d'Étiennette-Dorothée de Riquet-Bonrepos. Élu député du Tarn en 1824, il fut nommé vice-président de la Chambre en 1829 et en 1830. Marié en 1815 à Adèle Haurie, il en eut une fille qui épousa, en 1827, Eugène-Anne-Adolphe de Boyer de Castanet, marquis de Tauriac.

M. de Cambon était l'oncle à la mode de Bretagne de Mlle de Villeneuve. En effet, Jean-Gabriel-Amable-Alexandre de Riquet-Bonrepos avait eu, entre autres enfants, Mme de Cambon, mère de François-Auguste de Cambon et la marquise d'Avessens de Saint-Rome, mère de Rosalie d'Avessens qui épousa Louis, comte de Villeneuve. Léontine de Villeneuve était issue de ce mariage. (S. R.)

lui (1) vers la fin de sa vie ; du moins, je le crois.

J'ai lieu de le regretter. On y eût vu combien cette correspondance développa le noble sentiment qui ne craignait pas de s'abandonner à son exaltation, précisément parce qu'il n'avait rien à voir avec l'amour. Il y régnait, plutôt, une sorte de « mysticisme ». N'y en a-t-il pas dans les passions pures? Et l'amitié, s'élevant à ce degré, a le privilège de le créer dans les âmes qui se donnent à elle.

Mes lettres manquent également pour expliquer bien des passages et allusions dans celles de M. de Chateaubriand. Quel était le genre de sentiment qui dictait les siennes? Moi, j'y voyais, sans m'effaroucher, l'aimable coquetterie d'un vieillard souriant aux avances gracieuses d'une jeune femme. Et il me semblait que j'aurais pu me parer de ces relations intellectuelles, si je n'avais craint de leur enlever le charme d'un

(1) On verra plus loin une lettre du 13 avril 1842 où Chateaubriand l'affirme, et une autre lettre où l'abbé Deguerry, quelques jours après la mort du grand écrivain, confirme à Mme de Castelbajac que les lettres qu'elle écrivit n'existent plus. On en lira trois cependant, dont elle-même avait conservé une copie, d'ailleurs incomplète : la première, qui inaugure la correspondance, et deux lettres de 1832. On a vu, d'autre part, déjà, dans l'avant-propos de Mme de Saint-Roman, la lettre que, vers 1820, Mlle de Villeneuve élabora avec son amie Mlle Coraly de Gaïx, et qui ne fut jamais envoyée.

glorieux secret, savouré intimement. La correspondance continua donc, toujours voilée par le mystère.

*
* *

Un grand malheur était venu me frapper peu de temps avant cette époque. Une sœur bien-aimée m'avait été enlevée par une maladie de poitrine dont je paraissais avoir contracté le germe.

L'isolement où je me vis plongée me rejeta plus encore vers les régions imaginaires et le rêve entra tout à fait dans ma vie, grâce à la réalité pleine de charme d'une relation épistolaire.

Comment en eût-il été autrement? Chaque lettre venait rapprocher davantage ces « deux amis » qui se manifestaient l'un à l'autre avec tant d'entraînement par la parole écrite ! Mais l'amitié ne réclame-t-elle pas aussi la voix, cette suprême communication par le langage?

Oui, les amis peuvent se passer du regard ; la privation de la vue n'empêche pas leurs affections de se lier ; mais ils ont besoin de *s'entendre parler*, afin de déposer dans la mémoire tant de mots fugitifs qui jaillissent subitement d'un échange mutuel — menue monnaie qui se convertit peu à peu en un trésor...

Chacun des deux « correspondants » en vint à se dire : « Nous ne pouvons demeurer toujours des inconnus l'un pour l'autre... »

Un rendez-vous aux eaux des Pyrénées fut résolu. Les médecins m'y envoyaient pour ma santé (1). Mais la nomination de M. de Chateaubriand à l'ambassade de Rome (2) anéantit ce projet au moment où il venait d'être formé. Il dut être remis à l'année suivante... Et les lettres recommencèrent à se chercher en prenant la route d'Italie.

*
* *

Durant cette année, ma santé s'étant raffermie, on recommença à me parler de mariage. Je résistai. Ma tête folle s'était attachée plus

(1) Les médecins les conseillaient aussi à Chateaubriand. Dès le 10 décembre 1827, il écrivait à Mme de Vichet : « Savez-vous que, tous les ans, je veux aller aux eaux des Pyrénées? Si je faisais ce voyage, et si je ne passais pas bien loin de votre maison, me recevriez-vous?... »

(2) Cette nomination, Chateaubriand l'annonce à Mlle de Villeneuve et à Mme de Vichet le 28 mai 1828; les derniers obstacles n'avaient été levés que la veille. Il partit pour Rome seulement le 14 septembre.

que jamais à la pensée de conserver ma liberté, pour mener une vie indépendante : « une vie de poésie » ; car j'osais croire parfois à un avenir littéraire, encouragée et soutenue, comme je pouvais l'espérer, par les conseils et l'appui de mon illustre ami.

Mais les obsessions pour me déterminer à me marier ne tardèrent pas à redoubler. Un instant, je me sentis ébranlée. Néanmoins, je demandai « une année »... après laquelle je remettrais ma destinée entre les mains de mon père.

Ce demi-consentement, à peine donné, eut pour résultat de m'épouvanter davantage à l'idée du mariage et plus encore à celle de l'amour qu'il se croit le droit de réclamer. L'amour !... Et avec un mouvement de révolte, je me dis que rien dans mon cœur ne saurait y répondre.

Pour me confirmer dans cette pensée, il se trouva que j'eus à repousser une ou deux propositions capables de justifier cette répugnance.

Les mois s'écoulaient. Je ne voulus plus les compter. J'aimais à me persuader que le temps allait s'arrêter aux jours désignés par M. de Chateaubriand pour notre « réunion »... Tout se trouvait dans ce mot. Pourtant, elle devait se résumer en un instant. Ne m'étais-je pas engagée à céder aux instances de ma famille?

Cependant, j'arrivai à Cauterets (1) heureuse et calme... et toute à l'heure présente !

* * *

L'arrivée de M. de Chateaubriand suivit de près la mienne. La colonie de Cauterets retentit de cet événement ; car la gloire semblait se plaire plus que jamais à parer cet homme illustre de ses rayons pour en faire une auréole à sa vieillesse.

La société de la duchesse de La Rochefoucauld (2) devint aussitôt une des siennes. Ce fut là que nous nous rencontrâmes souvent. J'y passais une partie de mes journées, par suite de ma liaison intime avec la fille de Mme de La Rochefoucauld, la marquise de Castelbajac (3).

(1) « Je prenais une saison de ces eaux depuis plusieurs années. » (Note de l'Occitanienne).

(2) Marie-Françoise de Tott, fille du baron François de Tott, maréchal de camp, épousa, le 24 septembre 1793, à Altona (Danemark), François de La Rochefoucauld, duc de La Rochefoucauld et de Liancourt, fils de François-Alexandre-Frédéric de La Rochefoucauld, duc de Liancourt, et, plus tard, duc de La Rochefoucauld, et de Félicité-Sophie de Lannion. (S. R.)

(3) Elle allait bientôt devenir la belle-sœur de Léontine de Villeneuve. (S. R.)

Mon nom était celui d'un de mes oncles (1) avec lequel M. de Chateaubriand avait depuis longtemps des rapports politiques. Il lui fut donc permis naturellement de ne pas me traiter en étrangère.

Mon enthousiasme pour le « Grand Génie » n'était un secret pour personne. On connaissait, même au loin, ce qu'on nommait « ma passion » ; on savait que j'appelais M. de Chateaubriand « mon ami » ! C'est même ainsi qu'en souriant on le désignait toujours en me parlant de lui. N'avais-je pas, depuis des années, proclamé cette passion et dit tout haut ce que je disais tout bas dans ces lettres, qui, seules, se taisaient dans l'ombre?

Personne de notre monde n'eut donc lieu de s'étonner en voyant se nouer des relations de politesse, sous l'empire de la célébrité, entre un homme illustre de cet âge et une jeune femme dont l'admiration était connue.

---

(1) Il s'agit de Pons-*François* Louis, marquis de Villeneuve-Villeneuve, frère cadet du père de Léontine. Préfet des Hautes-Pyrénées dès les premiers jours de la Restauration en 1814, commissaire du duc d'Angoulême en 1815 lors du second retour des Bourbons, il fut un des grands fonctionnaires légitimistes. De 1815 à 1830 il occupa successivement les préfectures du Cher, des Pyrénées-Orientales et de la Corrèze. Dans ses *Souvenirs* inédits, l'Occitanienne trace un beau portrait de ce grand royaliste *ultra*, très dur pour les siens, et en particulier pour son frère Maurice.

M. de Chateaubriand vint me faire sa première visite dans le petit appartement que j'occupais avec une de mes tantes, Mlle Du Valès, vieille fille bonne et simple, qui m'avait accompagnée aux eaux.

M. de Chateaubriand avait soixante ans.

Quelle impression me fit ce noble vieillard si simple sous la couronne du Génie !

Nous nous connaissions si bien que nous nous abordâmes comme des amis de tous les temps. Pas même un serrement de mains ne vint sceller notre amitié, qui semblait se continuer comme après des années de présence, où la veille promet le lendemain.

La conversation découla de la même source que la correspondance ; mais sur un ton plus naturel, entremêlée de ces détails qui s'échangent à la suite d'une absence. Cette « absence », pour moi, c'était presque ma vie entière. J'avais à lui raconter comment, sortant à peine de l'enfance, mon imagination s'était éveillée en lisant l'*Itinéraire*... ce livre où *lui-même* était venu se révéler à moi.

Ma plume avait déjà dit tout cela ; mais je le redisais dans un langage si plein d'abandon et de franche et confiante amitié, que M. de Chateaubriand dut comprendre que l'innocence de mes quinze ans était là, présente encore entre nous avec sa naïveté. Il lui sourit ; et son regard devint de plus en plus bienveillant, tout en se voilant avec une sorte de timidité qui parait son front comme une grâce.

Dès ce jour, je le rencontrai souvent, soit en allant aux bains de la Raillère, où ma chaise à porteurs croisait la sienne, soit aux promenades où il m'abordait et m'accompagnait en tiers avec Mlle Du Valès, soit, le soir, chez la duchesse de La Rochefoucauld, soit, enfin, dans ces visites de la matinée, où je le voyais revenir d'une course en montagne, m'apportant un bouquet de fleurs sauvages.

Alors, je devenais, selon son expression, « la jeune amie de ses vieux ans »... Et ce nom et ce titre m'émouvaient jusqu'au fond de l'âme.

— Ah ! pourquoi, me disais-je tout bas, ne suis-je pas née dans sa famille? Pourquoi, plutôt, n'est-il pas un ami de la jeunesse de mon père, dont il a vu croître l'enfant sous le regard de son bienveillant intérêt? Pourquoi, du moins, le même horizon, le même monde ne viennent-ils pas rapprocher deux existences qui se sont devinées et qui semblent se chercher?

*
**

Ce que je pensais... lui le disait. Mais il n'en parlait pas comme d'un songe irréalisable et il essayait de donner des ailes à mon esprit, pour se transporter bien au delà de l'étroit vallon des Pyrénées où notre amitié était venue s'abattre comme un oiseau de passage.

Ce fut ainsi qu'il me présentait parfois un miroir magique.

— L'*ambassadeur*, disait-il, allait retourner à Rome, Là, il avait loué un petit palais (1), destiné à recevoir ses amis. Il comptait les y appeler, les grouper en quelque sorte autour de lui, transportant sous le ciel de l'Italie, dans la Ville éternelle, tout ce qui le rattachait encore à la vie...

Cette société, c'était (2), je le savais, Mme Ré-

---

(1) Le « petit palais Caffarelli », sur le Capitole, où était installé le ministre de Prusse. La location, projetée par Chateaubriand, n'était pas encore réalisée; mais, avant de quitter Paris pour Cauterets, il avait écrit pour la hâter.

(2) C'était toute la petite société qui, à l'Abbaye-aux-Bois, formait la cour discrète de Mme Récamier. Le doux philosophe Ballanche, alors âgé de cinquante-quatre ans, et Jean-Jacques Ampère (le fils du grand savant) qui avait vingt-neuf ans, étaient les deux « chevaliers servants » de la divine Juliette : ils l'avaient

camier, sa nièce, MM. Ballanche, Ampère, quelques élus encore... M. de Chateaubriand parle de ce projet dans ses *Mémoires* avec une douceur toute particulière. Et c'est ainsi qu'il m'offrait une place dans ce palais de *génies* et de *fée*.

J'écoutais, l'œil ardent... Mais sans répondre, je secouais la tête ; ou, pour mieux dire, je la retournais vers ma famille, vers la raison. *Lui* me devinait et il ajoutait, d'un air triste : « Vous ne vous appartenez point. Vous vous marierez... et vous oublierez votre vieil ami ! »

Ces séduisantes insinuations étaient vite écartées ! et, comme d'un commun accord, notre amitié s'empressait de ne pas se mettre en souci du lendemain.

Quelles étaient les conversations que cette intimité venait inspirer ? Nous parlions de tout, et familièrement. Je plaçais toujours sur l'autel le *dieu* qui recevait mon encens ; seulement, il ne me faisait aucune peur ; car, en moi rien ne se troublait, soit en l'écoutant, soit en lui répondant.

Elle était si « bonhomme » que je lui disais parfois des folies qui le faisaient sourire... Sourire si indulgent ! si encourageant ! Et j'ac-

accompagnée tous deux en Italie dans le long voyage qu'elle y fit de 1823 à 1825 pour tenter d'oublier Chateaubriand.

ceptais, avec reconnaissance et toute la sérénité d'une affection qui sait qu'elle n'a pas à se dissimuler, les flatteuses paroles de ce vieillard me disant : « Vous ne ressemblez à personne ! Je n'avais rencontré que de fausses Léontine. »

M'enhardissant, je lui montrais quelques essais de poésie. Il louait ou critiquait, indiquant ce qu'il fallait retrancher, corriger... Moi, je bataillais ou me soumettais. « Petite paresseuse ! Refaites cela... » Et nous échangions de bons rires comme deux camarades.

Plus souvent, nos conversations prenaient un ton grave. La politique les envahissait. J'étais bien moins *libérale* que lui ; mais nous nous faisions des concessions. Je pourrais me souvenir de confidences vraiment curieuses. Il avait deviné le côté solide de mon caractère et, plus d'une fois, il y a rendu hommage.

Ces tête-à-tête étaient sans cesse interrompus par le va-et-vient de Mlle Du Valès, dont l'étrange esprit gascon se manifestait sans la moindre timidité, encouragé par la simplicité du grand homme et par son regard doux et bon.

Mais c'était sur moi que ce regard s'arrêtait avec une affectueuse indulgence, que je n'ai rencontrée qu'en lui. Ah ! oui, je pouvais me croire « la jeune amie » qui n'avait rien à craindre du jugement de son esprit et tout à espérer pour l'avenir, comme dans le présent, de sentiments si respectueusement tendres ! (je le croyais alors !) Il semblait comprendre et goûter le privilège des années qui laisse couler des lèvres des paroles incapables d'effaroucher l'oreille, ni de troubler la quiétude du cœur. Il était toujours l'homme de son âge s'adressant à une femme du mien.

C'était ainsi que nous nous abordions et que nous nous séparions dans ces visites d'une heure au plus.

Mais je retrouvais M. de Chateaubriand dans ce que j'appelais la foule — un salon, un bal, une fois dans une grande partie au lac de Gaube, avec la société de la duchesse de La Rochefoucauld... Il a dit dans ses *Mémoires*, à propos de cette année 1829 : « Ce moment est le seul de ma vie où j'aie été complètement heureux, où je ne désirais plus rien, où je n'apercevais jusqu'à ma dernière heure qu'une suite de jours de repos. »

Et moi? Ah ! je retrouve, dans un de ses écrits, ce qu'il a pu voir dans mon regard, dans mes paroles, dans tout ce qui émanait de moi lorsque je m'adressais à lui.

Je transcris. « Quoi de plus doux que l'admiration? C'est de l'amour dans le ciel, de la tendresse élevée jusqu'au culte. On se sent pénétré de reconnaissance pour la Divinité qui étend les bases de nos facultés, qui ouvre de nouvelles vues à notre âme, qui nous donne un bonheur si grand et si pur... »

Trois semaines de ma vie s'écoulèrent, bercées par ces songes que je traitais comme les enchantements du sommeil — sans y croire.

. . . .

*
* *

Un grand événement politique vint subitement remettre en question l'existence de M. de Chateaubriand et menacer un instant du contrecoup la mienne... pauvre atome !

La nomination du ministère Polignac rejetait M. de Chateaubriand dans la lutte active (1). Du moins, c'est dans ce sens que son parti vint peser sur sa détermination. Il fallait qu'il donnât sa démission d'ambassadeur pour reprendre activement dans l'opposition la plume du publiciste.

---

(1) Cette nomination ne parut que dans le *Moniteur* du 9 août, qui ne dut point parvenir à Cauterets avant le 14 ou le 15 au plus tôt ; c'est par lui que Chateaubriand apprit la nouvelle : « Enfin, les journaux arrivent : je les ouvre, et mes yeux sont frappés par l'ordonnance officielle qui confirme les bruits répandus... » (*Mémoires d'outre-tombe*, t. V.)

Je pourrais dire les combats de ce grand génie, qui se voyait entraîné presque malgré lui dans une voie qu'il sentait ne pas être celle qu'il fallait prendre.

Je lui exprimai hardiment mon opinion ; car il vint à moi afin d'épancher les pensées intimes qu'il ne pouvait manifester librement aux *politiques* qui l'entouraient à Cauterets et qui lui imposaient la loi de leur parti, voilée par la fumée des hommages.

Je me permis de lui donner le conseil de garder son ambassade, de ne pas faire au roi l'injure de jeter sa démission à la tête des honnêtes gens honorés de son choix et d'attendre, du moins, des actes qui lui permettraient de se séparer d'eux en connaissance de cause.

— Ne retournez pas à Paris, lui dis-je, partez pour Rome et regardez venir. Vous serez à temps d'envoyer votre démission. C'est en conservant votre indépendance que vous planerez sur tous les partis et que vous n'aurez pas l'air d'obéir à un seul.

Il me répondit :

— Vous avez raison, peut-être !

Mais il y avait là quelques-uns des chefs de ce tiers parti, qui a fait tant de mal à la monarchie et aussi à M. de Chateaubriand lui-même (1), en le plaçant dans un camp où sa plume est devenue l'épée qu'il a tirée aveuglément contre la royauté, tandis qu'il aurait pu la défendre si efficacement.

Cette expansion de confiance sérieuse vint

(1) Cette allusion vient d'être éclaircie par un passage des *Mémoires* du duc de Broglie paru le 15 décembre 1924 dans la *Revue des Deux Mondes*. La famille de Broglie était aux eaux de Cauterets au mois d'août 1829, en même temps que Chateaubriand. L'auteur des *Mémoires* conte comment son père — qui devait devenir un des grands ministres de Louis-Philippe — fut plongé dans la consternation par la constitution du fatal ministère. Il ajoute :

« Mais comme il faut toujours qu'il y ait une petite pièce comique mêlée à toutes les tragédies de ce monde, on riait aussi du désappointement peint sur le visage de quelques baigneurs de notre connaissance, qui, se disant libéraux quand ils croyaient que le vent soufflait de ce côté, se trouvaient assez attrapés d'être enrôlés malgré eux dans les rangs d'une opposition qui allait devenir très militante. Dans le nombre, on comptait faut-il le dire? un très important personnage qui n'était rien moins que l'illustre Chateaubriand...

« Il était à Cauterets auprès de nous quand survint la conversion brusquement faite par Charles X, qu semblait lui faire un devoir de donner sa démission. On ne le lui laissa pas ignorer ; mais cette nécessité lui paraissait très dure et autour de nous on s'amusait de son déplaisir. »

Dans ces railleries n'entrait-il point bien de la cruauté? Pouvait-on deviner toutes les ruines financières et morales dont sa démission d'ambassadeur allait être la cause pour l'écrivain?

« ...Une promenade faite avec le grand homme au pont d'Espagne et dont nous nous promettions, dans notre petit monde d'enfants, beaucoup de plaisir, fut tout assombrie par l'humeur massacrante qu'il y laissa voir. On nous avait annoncé des merveilles de son entretien : il ne desserra pas les dents. Généralement on ne convient pas de pareils sentiments. Aussi n'ai-je pas été médiocrement surpris en lisant, plus de vingt ans après, les

nouer de nouveaux liens entre moi et celui que je nommais, plus justement que jamais, un ami ! Des confidences politiques, il en vint aux confidences personnelles... à son dégoût de la vie militante dans la presse : articles de journaux à écrire, discours de tribune à prononcer ; toutes choses dont il était las ! et qui tournaient ses regrets plus encore vers Rome.

Car c'était là, me disait-il dans cet épanchement, qu'il se sentait attiré désormais pour aller vivre et même pour aller mourir. Rome ! où ses fidèles amis devaient le suivre. Tous le lui avaient promis ! Une existence enchanteresse allait se former autour de lui. Et il ajouta :

Mémoires d'outre-tombe, d'y retrouver tout au long une assez verte diatribe contre les amis indiscrets qui lui avaient imposé alors un acte de désintéressement dont il se serait volontiers dispensé. La scène muette du pont d'Espagne, l'air renfrogné, le froncement de sourcils, le ton maussade, tout me revenait alors à l'imagination, et comme depuis lors je n'ai plus revu ce poète de mauvaise humeur, je ne puis me le figurer que sous cet aspect rébarbatif. C'est un tort, car je tiens de personnes qui l'ont connu de plus près que, dans ses bons jours, il était gai et très réellement aimable. »

Il le fut jusque dans sa tristesse, pendant la pathétique visite qu'il fit à Mlle de Villeneuve au retour de cette promenade silencieuse et renfrognée ; on comprend qu'il ait été heureux de trouver, en cette heure pénible, un cœur où verser l'amertume de ses récriminations, un sourire féminin où se réconforter ! Ses plaintes, comme elles prennent un accent plus douloureux, si on les relit dans les *Confidences* de Mme de Castelbajac, après la page du duc de Broglie !

— Est-ce que cette vie ne vous séduirait pas? Ne semble-t-elle pas faite pour vos goûts, pour votre imagination? enfin, pour tout ce qui est *vous* — y compris notre amitié?

Alors, il me fit monter sur la montagne de la séduction, se plaisant à diriger mes regards vers le *palais magique* dont il m'avait déjà présenté vaguement l'image. Cette fois, il en ouvrait les portes devant moi. « Là se développerait mon talent littéraire, sous la direction d'un *vieux professeur ès muses.* » Et lui, appuyé sur le bras de son écolière, comme il aimerait à revoir Rome par ses yeux, se reprenant ainsi à la vie qu'elle lui ferait encore sentir !

Tout cela était dit à demi-voix, d'un ton modeste, sensible, entremêlant l'espérance de son sourire avec les regrets et leurs tristesses. « S'il allait ne plus revoir sa jeune amie ! »

C'était un soleil qui se levait, éblouissant, sur mon horizon terne. N'avais-je pas choyé, comme le plus beau des songes, une existence libre, qui cependant n'approchait pas de celle qui m'était présentée?... Ma raison se perdait dans ce rayon... Et j'entrevoyais hardiment l'idéal d'une vie à laquelle je donnerais pour sauvegarde la vertu la plus rigide, l'attitude la mieux à l'abri des soupçons.

L'exaltation la plus dangereusement entraînante est celle d'une âme qui s'égare, croyant se placer au-dessus de la région des tempêtes. En vain est-elle fière de demeurer immaculée sur ces hauteurs ; elle a perdu le bénéfice d'être vue sans tache à l'œil nu ; et, de la terre, on n'aperçoit que des brumes.

Mais le mirage se dissipa en peu d'instants, et mon cœur se retourna vers ma famille. M. de Chateaubriand me comprit : « Ah ! dit-il, vous avez un père ! Et moi, que suis-je ? »

Il me laissa contente de lui et de moi aussi. Et, pourtant, il me sembla que la nuit se faisait comme après l'éblouissement d'un éclair.

M. de Chateaubriand m'avait quittée, décidé à prolonger son séjour à Cauterets (1). Il me restait à voir venir des jours pareils à ceux qui s'étaient écoulés si vite.

***

Le lendemain, dans la journée, il entra chez moi... et m'adressa brusquement un dernier

---

(1) Chateaubriand a donc hésité au moins une journée sur le parti immédiat qu'il devait prendre. On lit cependant dans les *Mémoires* : « Dès le premier moment ma résolution fut arrêtée : elle ne me coûta pas à prendre ; mais elle fut douloureuse à exécuter... »

adieu ! Des lettres (1) reçues le matin ne lui laissaient pas la faculté de réfléchir. En vain, il se débattait contre ce qu'il appelait avec amertume la tyrannie des engagements politiques : il ne s'appartenait plus.

Je voudrais me rappeler ce qui me fut dit dans un épanchement qui coulait de source. Mais que dirais-je de plus que ce qui se retrouve en traits si vifs dans les *Mémoires d'outre-tombe?*... Tout près de cette page où sa loyauté s'est si étrangement égarée (2)?

Ah ! je n'étais pas alors cette « étrangère à peine entrevue ».

Je recueillis les plaintes de sa révolte contre les hommes, contre sa destinée et contre lui-même, dont la volonté se laissait violenter. Je devins la confidente des regrets qui venaient l'assaillir. La veille encore, il croyait toucher à la réalisation de ses songes. « Il ne rêvait qu'au

---

(1) « La poste m'apporta une foule de lettres : toutes m'enjoignaient d'envoyer ma démission. » (*Mémoires d'outre-tombe*, t. V.)

(2) « Je fus choqué de cet officieux intérêt pour ma bonne renommée. Grâce à Dieu, je n'ai jamais eu besoin qu'on me donnât des conseils d'honneur... Quelques-uns de ces fiers obligeants, qui me prêchaient l'honneur et la liberté par la poste, et qui me les prêchèrent encore bien plus haut lorsque j'arrivai à Paris, donnèrent leur démission de conseillers d'État ; mais les uns étaient riches, les autres ne se démirent pas des places secondaires qu'ils possédaient, et qui leur laissèrent les moyens d'exister..., etc... » (*Mémoires d'outre-tombe*, t. V, p. 239-241.)

bonheur d'emmener ses amis avec lui et de finir ses jours à Rome. »

— Et vous, ajouta-t-il, aviez-vous dit non, réellement, à ce projet? Ne seriez-vous pas venue, un jour, partager mes délices, amenée par l'attrait d'un voyage en Italie et peut-être aussi par la pensée de revoir votre ami? Je pouvais le croire.

Eh ! il lui fallait renoncer à cette vie, noble couronnement d'une carrière où l'honneur d'être le représentant de la France Très Chrétienne dans la Ville éternelle aurait mis à néant toute autre ambition ! Au contraire, il lui fallait redevenir l'instrument et la victime des mesquines passions d'ambitieux vulgaires.

Il demeura quelques instants comme accablé. Puis il reprit, à phrases entrecoupées qui semblaient s'adresser tantôt à moi, tantôt à lui-même :

— Oui, il ne s'appartenait plus; car *ils* l'accuseraient de les avoir lâchés. Eh bien ! il leur abandonnerait honneurs, fortune, jetant tout cela à la tête de ceux qui le dépouillaient dans leur intérêt propre. Il reprendrait, une fois de plus, le collier de misère et se remettrait à travailler. Son ambassade, si brusquement terminée, allait le laisser dans toutes sortes d'embarras. Il fallait bien qu'il reprît la plume pour payer ses dettes...

Je me souviens qu'en prononçant ces mots il porta la main à son front, s'écriant :

— Eh ! sentir qu'il n'y a plus rien là !...

Mais, ajouta-t-il, on ne le tenait pas tout entier. Il leur abandonnerait sa démission ; à ce prix, il aurait bien le droit d'acheter son repos?

Et c'est à Rome qu'il irait se réfugier, loin de tout le bruit des agitations politiques. Il y vivrait solitaire, oublié sans doute. Eh ! qu'importe ! le bonheur peut se trouver dans le calme apporté par l'oubli où vous laissent les hommes. Oui, mais Mme de Chateaubriand pourrait-elle se résigner à retourner à Rome en simple particulière, après y avoir eu le rang d'ambassadrice?...

Mon regard étonné l'interrompit. Il sourit.

— Vous, oh ! vous, ce serait différent. Vous n'êtes pas une femme comme les autres.

Il continua :

— Mais cet exil, pour moi-même ne deviendra-t-il pas la rupture de mes derniers liens d'amitié? Ils viendront à moi, ces amis, pour quelques jours ; et puis les exigences de la vie les reprendront. L'homme sans famille ne doit se bercer d'aucune illusion. Au soir de ses derniers jours, le vide se fait inévitablement autour de lui. La mort lui a enlevé un à un ceux qui l'ont aimé, et il n'y a pas pour lui de floraison d'amitié à demander aux jeunes cœurs tournés vers le soleil levant...

Je crois avoir rendu à peu près le sens de ces paroles, si tristes et si profondément découragées.

*
* *

Je me sentis saisie d'un tel sentiment de pitié et, en même temps, de vive affection pour cet homme à cheveux blancs, si grand par sa gloire et prêt à se voir abandonné par le bonheur au déclin de sa vie, que lorsqu'il ajouta :

— Et vous aussi, je ne vous reverrai plus !

— Eh bien ! lui dis-je, cédant à un élan instantané, ce que vous m'avez proposé hier... ce que j'ai refusé, je l'accepte. Je resterai libre. Je renonce au mariage. Partez pour Paris ; moi j'irai vous attendre à Rome. Il ne sera point question, cette fois, de me réunir à vos brillants amis dans le palais de vos rêves. Vous me retrouverez entre les murs d'un *cou-*

vent (1), sous la sauvegarde de la protection religieuse. Là, ma réputation sera mise à l'abri... Je ne parle pas de mon honneur : personne n'aura jamais le pouvoir d'y porter atteinte. Vous pourrez venir me voir tous les jours dans cet asile où nous nous donnerons hautement le nom d'amis, même en présence de Mme de Chateaubriand. Et, plus tard, lorsque les années seront venues pour moi comme pour vous, pourquoi ne deviendrais-je pas une *nièce d'adoption* qui se consacrerait à soigner et à consoler votre vieillesse?

— Vous feriez cela? me dit-il.

— Oui, répondis-je, et mon amitié vous le dit, sans trouble de conscience. Je suis libre de disposer de ma destinée ; j'ai une fortune personnelle ; je partagerai ma vie et mon avenir entre vous et ma famille. Le monde me blâmera très certainement, ou me taxera de folie ; mais je saurai le forcer à me rendre et à me garder son estime.

M. de Chateaubriand me regarda avec des yeux où se peignait une véritable émotion et il me dit tout ce qui pouvait toucher mon cœur... et, je pourrais ajouter, égarer ma raison

---

(1) Il s'agit, sans doute de quelque couvent de femmes, voisin de celui de Saint-Onuphre, dont Chateaubriand a parlé à sa jeune amie.

plus encore ; car il parut entrer dans le rêve, en prendre sa part et adopter mon plan.

Aussi, lorsqu'il me répéta : « Vous feriez cela ? » je lui tendis la main. Mais, par un revirement soudain :

— Pauvre femme ! s'écria-t-il. Et vous croyez que je peux accepter ce que vous m'offrez avec la générosité, la hardiesse et la pureté de votre âme ? Mais ces sacrifices que vous n'hésitez pas à faire dans un élan d'exaltation, vous les pleureriez bientôt avec des larmes, qui retomberaient de tout leur poids sur votre cœur (1). Et moi, je serais coupable en enlevant ce cœur à un père. Restez auprès du vôtre ; demeurez où la Providence vous a placée et demandez-lui tous les biens, toutes les joies qu'elle accorde à la jeunesse. Mariez-vous ; je vous le dis avec regret très certainement, mais en ami qui ne veut pas songer à lui. Et croyez que nous n'allons pas nous séparer entièrement ; car nous ne nous oublierons point et nous nous écrirons.

En écoutant ces paroles, qu'un battement

---

(1) On lit dans les pages ardentes de Chateaubriand, conservées à la Bibliothèque nationale et publiées par M. Victor Giraud sous le titre : *Amour et Vieillesse,* cette adjuration toute semblable : « Si tu te laissais aller au caprice où sombre quelquefois l'imagination d'une jeune femme, le jour viendrait où le regard d'un jeune homme t'arracherait à ta fatale erreur... »

de cœur semblait accompagner, j'entendis une voix intérieure qui me tenait un langage semblable. Je relevai la tête.

— Vous avez raison, dis-je, et je vous remercie. Nous ne nous retrouverons peut-être plus en ce monde ; cependant notre attachement sera de ceux sur lesquels le temps et l'absence demeurent sans puissance.

En cet instant, ma femme de chambre entra. M. de Chateaubriand m'adressa un simple adieu ; et je demeurai seule. Nous venions de nous séparer pour toujours.

Presque aussitôt, Mlle Du Valès vint me rejoindre : je ne me rappelle plus ce qu'elle me dit, ni ce que je lui dis. Je sentais le flux et le reflux de deux impulsions qui se heurtaient.

Ah ! tous mes rêves du passé, du présent et de l'avenir venaient de sombrer ! Cette fois, ils étaient descendus de ma tête jusque dans mon cœur. C'était une vérité, que ce sentiment qui ne ressemblait à aucun autre !...

Mais, subitement, par une force de réaction à laquelle je ne résistai point, le calme se fit !... Et je compris que je venais d'écouter une voix qui me parlait de mes devoirs.

M. de Chateaubriand quitta Cauterets le lendemain matin. Et moi, après la saison des eaux, je revins dans ma famille.

*_**

La tempête se releva pourtant — et cela en présence de la décision suprême qu'il me fallut prendre. Il ne s'agissait pas seulement de rompre avec la pensée d'une vie selon mes aspirations ; il fallait la ployer, cette vie, sous le joug que je m'efforçais depuis longtemps à repousser.

Le temps avait marché : un mariage était là, prêt à se conclure. N'avais-je pas engagé ma parole à mon père en désignant une date à laquelle nous touchions? Je devais me soumettre. Quelle objection pouvais-je faire? Il s'agissait d'épouser un homme hors ligne et charmant.

Cependant, c'était précisément celui-là qui m'inspirait le plus de frayeur, comme mari, c'est-à-dire au point de vue de mon bonheur en ménage. Quoique nous eussions eu peu d'occasions de nous connaître par des rapports de société, nous avions en commun des amis intimes qui, depuis assez longtemps, avaient songé à nous marier. Mais sous l'influence de propos répétés, commentés, inventés même, il était résulté des préventions et une méfiance réciproques, qui nous éloignaient l'un de l'autre. Deux fois déjà il avait été question de ce mariage et tous deux nous en avions repoussé l'idée. L'un en s'écriant : « Vous voulez que j'épouse Mlle de V...? Elle me déteste ! » L'autre en répondant : « Vous voulez que je me marie avec M. de Castelbajac? Il ne m'aimera jamais ! »

Cependant, je plaisais à ses yeux comme il plaisait aux miens. Une troisième tentative eut un résultat différent.

Mais, après le mot prononcé et lorsque je me vis en présence de la conclusion définitive d'un mariage dont les préludes s'étaient manifestés par une telle froideur, je me sentis tout à coup rejetée en arrière comme par un coup de vent ; et la pensée de renoncer définitivement à me marier traversa de nouveau mon cerveau.

Cette fois, il n'était pas question de m'éloigner de ma famille, mais de demeurer libre de cœur, puisque ce mariage se présentait sous l'aspect du désenchantement de mon existence entière : une lettre d'un ami maladroit s'était placée devant mes yeux, disant que M. de Castelbajac m'*épousait sans amour*.

En lisant cette phrase, ma méfiance reprit si violemment que j'eus effectivement l'idée de rompre l'engagement que j'avais pris, me disais-je, par faiblesse de caractère et malgré moi.

Et cet homme que je me refusais à épouser et à aimer me plaisait en dépit de moi-même ! Un aimant m'attirait vers lui, tandis que mon cœur niait cette puissance.

Je n'ai jamais, je crois, passé de plus pénibles jours, livrée à cette bourrasque d'idées qui se détruisaient tour à tour l'une par l'autre. Mes lettres à M. de Chateaubriand en étaient le reflet. Lui, de son côté, m'écrivait... Les siennes n'étaient pas un calmant pour ma tête. Cependant il me donnait de sages conseils. Étaient-ils sincères? N'importe. Ils m'ont aidée à triompher complètement de ces dernières et folles imaginations. La raison reprit tout son empire. C'est, je crois, ce qu'il ne m'a point pardonné. Et c'est peut-être ce qui a dicté le récit *fictif*... Il m'a fallu lire cette page, vingt ans après, pour me douter que M. de Chateaubriand fût capable de l'écrire.

Au moment présent, au contraire, je lui sus gré de m'avoir bien jugée et je le remerciai de l'appui que sa main prêtait à ma raison chancelante.

Et lorsque, par une résolution définitive, j'eus accepté ma destinée, en toute loyauté, je me tournai de nouveau vers *l'ami* pour me dire que je pourrais lui conserver mon attachement,

sans porter atteinte à la rigoureuse fidélité
qui m'allait être imposée par la loi sacrée
du mariage. Regardant encore dans mon passé,
je vis se dissiper comme des ombres mes chimères de tous les âges... et je prêtai hardiment
le serment qui venait engager la liberté de mon
cœur avec celle de ma vie.

.   .   .   .

*
* *

Et c'était lorsque les songes venaient de
disparaître à la façon de feux follets que,
par la miséricorde divine, une étoile fixe
se levait dans mon ciel... l'amour dans le
mariage !

Les explications rapprochèrent les esprits,
les préventions se dissipèrent et les cœurs se
trouvèrent tout disposés à s'entendre. Alors, se
déroula cette chaîne de jours, amenant les
années, que j'ai bénis. à travers les événements
de la vie, joies ou larmes. Mais je n'écris pas
l'histoire de l'union intime de trente-quatre
ans qui n'a vu finir son bonheur que par la
mort. O mon mari bien-aimé ! depuis que je
vous ai donné ce nom, pas une de mes pensées

ne s'est écartée de l'amour que vous aviez fait naître !

Sous l'influence d'un sentiment si nouveau, interrogeant mon cœur, j'osai lui demander quelle place venait y occuper encore *celui* que, depuis si longtemps, j'appelais « mon ami ». Levant les yeux vers mon mari, je compris que *deux passions*, l'enthousiasme et l'amour, peuvent se rencontrer en gardant leur individualité sans se heurter.

Il existe entre certaines âmes des affinités qui se cherchent même dans l'inconnu, et s'unissent malgré la distance, malgré l'âge, malgré les situations différentes et tout ce qui les sépare parce que, venant de l'âme, elles ne s'adressent qu'à elle. C'est ainsi que j'avais aimé M. de Chateaubriand dès mes premières années. Et je me dis que je pouvais continuer à l'aimer encore.

L'exaltation qui, durant deux ans, avait emporté mon aventureuse imagination, s'apaisa pour toujours... Mon mari venait de me faire connaître le sentiment qui les domine tous. Sentiment béni ! qui s'est incliné devant Dieu pour arriver à l'homme. Sa puissance me fut révélée par la comparaison entre mes *deux passions*.

Cependant, mon dernier rêve eût été de réunir

quelquefois auprès de moi ces deux amis, aimés
si différemment. Je croyais alors que je pouvais
prendre la main de M. de Chateaubriand et la
placer dans celle de mon mari... Je ne connaissais pas « la page » qui déjà peut-être était
écrite !

*
* *

Ce fut donc avec le calme de la réflexion
que je crus ne pas devoir laisser tomber dans
l'oubli une amitié qui reposait sur tant de souvenirs mutuels. L'indifférence m'eût semblé de
l'ingratitude et je ne voulais pas que M. de Chateaubriand pût m'en accuser.

Cette pensée se présenta souvent, se mêlant
à la vie animée par les plaisirs du monde qui
viennent s'offrir à une nouvelle mariée. Plusieurs
mois, cependant, s'écoulèrent dans le même
silence, lorsqu'un article de journal, ayant annoncé faussement un voyage de M. de Chateaubriand hors de France, je voulus avoir l'explication de ce qui semblait signifier un exil volontaire.

Je me souviens de ma lettre. Elle était affectueuse simplement et franchement. Sans aucun
embarras, je remontais vers le passé pour rap-

peler les folies de ma tête, si vite dissipées par les conseils du noble ami « à qui je conservais toujours ce nom ». A ce sujet, il y avait une phrase qui faisait allusion à « de nouvelles et vives affections... »

La réponse à cette lettre, ainsi que celle qui la suivit, eurent lieu de m'étonner. Un amer ressentiment semblait les avoir dictées. J'avais reçu la seconde à Cauterets ; je m'y retrouvais en 1830, au moment où la révolution de Juillet éclata. Sous l'impression subite et pénible que me fit éprouver l'*ovation* populaire dont M. de Chateaubriand avait été l'objet (1) comme s'il eût été compté parmi les vainqueurs, je lui écrivis une lettre toute politique. Il répondit à la vivacité de mon accusation avec une extrême douceur et en rétablissant les faits.

C'est ainsi que fut renouée « notre correspondance » ; mais on ne saurait donner ce nom aux rares lettres qui s'échangèrent depuis, avec des intervalles de plusieurs années (2).

J'ai dû, cependant, ne point passer sous si-

---

(1) Chateaubriand conte lui-même dans ses *Mémoires* (t. V, p. 231 et suiv.) comment, le matin du 30 juillet, il fut porté triomphalement par une foule de manifestants, composée surtout de jeunes gens, depuis la Colonnade du Louvre jusqu'au Luxembourg, où siégeait la Chambre des pairs.

(2) Une reprise, assez active cependant, de la correspondance se manifeste en 1832, où cinq lettres furent échangées.

lence le renouvellement de ces relations. Il m'a valu des lettres qui réfutent, elles aussi, l'article des *Mémoires*. La femme traitée avec tant d'égards et à laquelle M. de Chateaubriand a conservé, jusqu'à la fin de sa vie, un souvenir si constant, uni à une affection à la fois si pleine de convenance et si tendre, n'est point la femme dont il a osé flétrir le caractère, en déflorant le sentiment plein d'élévation qui fut capable d'entraîner trop loin son dévouement, mais jamais sa vertu.

J'écrivis de nouveau à M. de Chateaubriand deux ans après, lorsque, par suite d'une condamnation politique, il eut à subir de la prison (1). Mon amitié trouva tout naturel d'aller l'y chercher. Il fut sensible à cet intérêt d'une manière touchante. Puis, long silence... Je devenais de jour en jour, davantage encore, l'épouse et la mère absorbée par des devoirs pleins de douceur, la femme que pas une séduction du monde n'était venue entraîner, créature qui bénissait le ciel d'avoir soustrait son âme aux entraînements de l'idéal !

(1) Chateaubriand n'avait point été condamné ; mais, à la suite de l'internement de la duchesse de Berry à Blaye, il fut prévenu de complot contre la sûreté de l'État avec quelques autres légitimistes de qualité. Arrêté le 16 juin 1832, à l'aube, il fut emprisonné dans les appartements particuliers du préfet de police ; une ordonnance de non-lieu le libéra le 30 juin. Le billet de Mme de Castelbajac lui arriva après cette libération, dans les premiers jours de juillet.

*
* *

En 1838, M. de Chateaubriand fit un long voyage dans le midi de la France. Je pensai tout de suite à lui demander s'il s'arrêterait à Toulouse. Il me répondit affirmativement.

C'est ainsi que nous nous retrouvâmes après Cauterets — après neuf ans !

M. de Chateaubriand passa trois jours à Toulouse. M. de Castelbajac s'était empressé, avec sa grâce charmante d'esprit et de manières, d'aller engager l'illustre voyageur à se considérer en quelque sorte comme notre hôte. Mon mari connaissait mon enthousiasme pour « l'Ami »... et ne s'en effarouchait pas. Il savait que rien de ce qui dans mon cœur lui appartenait si pleinement n'avait jamais été donné à personne.

Ma première entrevue avec M. de Chateaubriand, succédant, après un temps si long, à nos adieux à Cauterets, eut lieu avec la joie de deux amis qui ne se sont pas oubliés et se retrouvent tout heureux de se revoir. Mais en moi cette impression se vit accompagnée d'un calme qui me laissa toute la douceur de cette jouissance. Ah ! c'est que l'amitié, sevrée de l'exaltation de la tête, reposait désormais paisible dans mon cœur !

M. de Chateaubriand ne s'y méprit point ; on le voit dans les lettres écrites après Toulouse. Je me rappelle qu'après les premières paroles échangées, il me dit : « Ah ! comme votre mari est bien, et comme vous devez l'aimer ! » Je répondis : « Oui. »

M. de Chateaubriand se montra parfaitement aimable pour M. de Castelbajac, pour ma belle-mère (1) et pour les amis que nous avions appelés à prendre leur part de notre bonne fortune, en venant s'asseoir à notre table auprès du convive dont nous étions justement fiers (2). Ces quelques jours laissèrent des traces attendries dans ma mémoire. M. de Chateau-

(1) Anne-Louise de Cazalès, marquise de Castelbajac, était la sœur de Jacques de Cazalès, député à la Constituante, le célèbre orateur royaliste. (S. R.)

(2) Un souvenir de famille a conservé un témoignage pittoresque de cette juste fierté. Après que M. de Chateaubriand eut pris congé de mes grands-parents, chez qui il avait passé la soirée, ma grand'mère interpella sa femme de chambre : « Eh bien ! Mariette, tu as dû être bien fière d'aider un si grand homme à passer son manteau? — Moi, madame? Cela ne m'a pas fait plus d'effet que si je l'avais passé au vieux Toine. » (Le vieux Toine était un mendiant...) A peine eut-elle dit ces mots que Mariette trébucha sous deux formidables soufflets appliqués par sa maîtresse indignée... Cette brave femme, née à Hauterive, y est morte chez mon grand-oncle de Villeneuve, après soixante ans de loyaux services dans la famille. (S. R.)

briand ne s'était jamais montré à moi sous un
aspect qui répondît aussi parfaitement à la
nature des sentiments qu'il m'avait inspirés.

***

Les années reprirent leur cours. De loin en
loin, quelques lettres venaient se chercher (1).
Celles de M. de Chateaubriand portaient l'em-
peinte du découragement, venu de l'âge, et
qui cependant aimait encore à se rattacher
au passé, pour mêler à ses tristesses de jeunes
images enfoncées, en teintes adoucies, dans le
lointain.

Ces pages m'ont peut-être émue davantage
que celles d'autrefois, quoique d'une façon
différente. La femme mariée se plaisait à recueillir le délicat hommage qui lui semblait
remonter aussi vers la jeune fille.

Une des dernières lettres de M. de Chateaubriand fut celle qui répondait à ma demande
de me rendre les miennes. Il me disait : « Ayant
craint d'être emporté subitement, j'ai détruit
toute lettre en ma possession, laissant à
votre mémoire à prolonger ma vie ; je ne

_____

(1) Cinq lettres en 1839.

saurais faire un meilleur choix pour l'embellir (1). »

* *
*

Peu de temps après (2), des malheurs de fortune fondirent sur mon existence. M. de Chateaubriand sut me dire ce que personne ne m'avait dit. Mais, peu à peu, toute correspondance cessa (3). Les infirmités avaient saisi la main qui avait écrit des livres admirables et qui s'essayait maintenant avec tant de peine à tracer une ligne dictée par l'amitié.

Je mis de la discrétion à ne plus solliciter un effort qui venait constater si tristement l'atteinte du temps! Un silence complet se fit.

Cependant, le souvenir parlait en moi. Il se mêlait même à la sollicitude des affaires, aux embarras d'une position difficile : années d'épreuve, dont le poids m'a été allégé, de manière à ne plus le sentir, par la tendresse

(1) Lettre du 13 avril 1842.
(2) Deux ans auparavant, au contraire; c'est en 1840 que Mme de Castelbajac connut un revers de fortune et que Chateaubriand lui écrivit deux lettres affectueuses et émues.
(3) Le dernier billet autographe de Chateaubriand est du 22 octobre 1842; il n'a que quelques lignes.

ineffable du compagnon que le mariage avait associé à ma vie.

Quelquefois, il m'arrivait indirectement des nouvelles de l'*ami* qu'on me désignait toujours sous ce nom. Elles étaient tristes ! On disait que sa tête baissait.

En 1847, je fis un voyage à Paris avec mon mari. Il me prit le vif désir de revoir M. de Chateaubriand et, pourtant, j'hésitais... Je trouvais si pénible de ne plus retrouver mon Chateaubriand avec la magnifique intelligence qui se manifestait dans ses moindres paroles, précédées de l'éclat de son regard ! Mais je ne pus supporter la pensée d'être si près de lui sans le voir.

Par une belle matinée d'octobre (1), j'entrai dans cette chambre de la rue du Bac (2), si

(1) Il semble qu'averti de l'arrivée de l'Occitanienne à Paris, Chateaubriand ait tenu à lui faire, le premier, une visite. Car le 30 septembre 1847, il dictait à un secrétaire ce dernier billet : « Je serai demain à votre porte. Je vous remercie de vous être souvenue de moi. »

(2) C'est au mois d'août 1838 — après le voyage dans le Midi relaté plus haut par Mme de Castelbajac — que Chateaubriand, quittant la maison voisine de l'infirmerie Marie-Thérèse, où il était installé depuis 1826, vint prendre son dernier logis au n° 112 de la rue du Bac (aujourd'hui n° 120), où il devait mourir. Un de ses familiers décrit ainsi la chambre qui servit de cadre à sa dernière entrevue avec l'Occitanienne : « Figurez-vous une chambre à coucher simple et modeste comme une cellule ; au fond de la chambre, à gauche en entrant, un petit lit en fer drapé de rideaux blancs ; entre les rideaux, un crucifix appendu au mur ; en face du lit, deux fenêtres donnant sur un petit jardin ombragé et silencieux, qui domine le vaste et beau jardin des

simplement meublée et je trouvai le noble vieillard assis sur le fauteuil auquel il était condamné, se réchauffant, tout ensemble à la flamme d'un petit feu et d'un rayon de soleil qui entrait par la fenêtre ouverte... Ah! son front portait toujours sa couronne!

Je n'oublierai jamais l'expression de sa physionomie lorsque, me tendant les deux mains, il me dit : « C'est vous! »... Tout le passé renaissait dans ce mot.

Dans sa conversation avec moi et mon mari, M. de Chateaubriand se retrouva lui-même; mais, bientôt, le silence le gagna. Nous ne prolongeâmes pas notre visite.

Je revins le voir deux fois, moi seule. Rien, durant ces entrevues, ne vacilla dans une flamme qui sembla se relever comme d'un foyer recouvert par des cendres, mais point éteint.

La seconde fois, au moment où je lui faisais mes adieux, — le dernier! — il me dit : « Je vous ai bien aimée! » et, levant les yeux : « Je vous aime toujours! » ajouta-t-il précipitam-

Missions étrangères; vis-à-vis de la cheminée, un des plus beaux tableaux de Raphaël, *la Sainte Famille*, copiée par Mignard; sur la cheminée, deux statuettes représentant, l'une M. de Fitz-James, et l'autre, Velléda; des livres épars sur quelques meubles; et, enfin, entre le pied du lit et le mur, une caisse en bois blanc, avec une serrure détraquée, qui ne fermait pas. » Dans cette caisse reposait le manuscrit des *Mémoires*, la dernière richesse de Chateaubriand.

ment. Les larmes montèrent dans les miens.

En retrouvant mon mari, je ne lui cachai point mon émotion.

. . . .

Peu de mois après, l'homme de génie, celui dont la plume avait fait un si bel usage des magnifiques dons de la Providence, n'existait plus. Je le pleurai, en ensevelissant dans mon cœur un souvenir qui pouvait y demeurer si doux...

*
* *

Une année écoulée ! Et je lis, imprimée dans le feuilleton d'un journal, la page des *Mémoires d'outre-tombe* qui m'a relevée du silence, toujours gardé sur des relations où l'âme seule s'était engagée.

Comtesse DE CASTELBAJAC,
née Léontine DE VILLENEUVE.

DEUXIÈME PARTIE

LETTRES
DE CHATEAUBRIAND

*Première lettre de Mlle de Villeneuve
à Chateaubriand* (1).

Je ne sais, en vérité, Monsieur, pourquoi je vous écris : mille autres avant moi ont fatigué des hommes illustres de leurs correspondances anonymes et si quelquefois cette témérité n'a pas été sans succès, bien souvent sans doute aussi, le silence et l'inattention ont dû répondre seuls aux écarts d'une imagination exaltée. Que reste-t-il donc à espérer en se traînant sur des traces déjà usées et pourquoi laisser courir sa plume lorsqu'on vient de se juger soi-même?...

Mais, Monsieur, c'est parce que j'ose plus qu'une autre que je ne suis pas arrêtée par l'exemple. Plusieurs femmes ont dû me devancer, en se hasardant à vous adresser des lettres, et toutes ont été l'écho de cette renom-

(1) Cette lettre, dont le brouillon a été retrouvé dans le coffret de l'Occitanienne (en 1902), est du mois de novembre 1827. Mlle de Villeneuve avait écrit, en tête : « *Première lettre*, 1827 » et, à la fin, très longtemps après : « Manque le paragraphe politique auquel M. de Ch... fait allusion dans sa réponse. »

mée, qui, depuis vingt-cinq ans, ne cesse de répéter le même nom en l'associant à tant de sortes de gloires. Mais aucune vous a-t-elle dit : « C'est vous qui avez développé dans mon âme les premiers germes de l'enthousiasme. Je n'étais rien, je n'étais qu'une jeune fille élevée dans la retraite, lorsqu'un jour vos écrits sont venus m'ouvrir une source de jouissances inconnues. J'ai lu, j'ai admiré, j'ai relu encore et peu à peu chacune de vos pensées m'est devenue familière, chacune de vos réflexions s'est gravée dans ma mémoire : tout m'a parlé de vous, tout m'a ramenée à vous... et j'ai cru vous connaître. »

Mais est-ce que je ne connaissais pas effectivement vos sentiments? Est-ce que, dès lors, ils n'influaient pas entièrement sur les miens? Ah ! je ne pouvais imaginer que celui dont j'entendais tous les jours le langage fût pour moi un étranger (1). Je le nommais mon guide,

---

(1) Mlle de Villeneuve évoque ici l'admiration presque délirante où l'auteur du *Génie* et de l'*Itinéraire* l'avait jetée, avec son amie Coraly de Gaïx, dès qu'elle avait eu quatorze ou quinze ans. On a lu, dans l'*Avant-propos* de Mme de Saint-Roman, la lettre collective que Léontine et Coraly avaient élaborée en 1820 pour inviter l'écrivain à les venir voir « en leurs châteaux ». Sur leur admiration pour Chateaubriand, on trouvera d'intéressants détails dans une jolie étude consacrée par M. Armand Praviel à Coraly de Gaïx (*Provinciaux*, « la Renaissance du Livre ») et dans le volume de M. le baron Blay de Gaïx : *Coraly de Gaïx*, « Correspondance et œuvres » (Champion, 1912).

parce que je pensais d'après lui ; je le nommais presque mon ami, parce que j'aurais voulu lui donner ma confiance et lui demander en retour son intérêt. Je m'affligeais que le sort nous eût tellement séparés, mais je me consolais par l'espérance. L'avenir est bien flatteur lorsqu'on a quinze ans ! et maintenant encore vainement suis-je retombée souvent de la hauteur des illusions dans l'abîme de la réalité ; je veux croire à l'accomplissement du premier de mes songes.

Attirer l'attention de M. de Chateaubriand par cette sympathie qui révèle souvent un ami confondu parmi la foule des indifférents, partager ses opinions, deviner ses soucis, s'indigner plus que lui de l'ingratitude et de l'oubli de ceux qui lui devaient souvenir et reconnaissance et, malgré ma jeunesse, l'inexpérience, l'obscurité, parvenir à reposer son cœur de tant d'amitiés éteintes ou désenchantées... voilà mon rêve et je ne désespère pas de le réaliser en partie, en essayant, dès à présent, de ne plus être tout à fait pour vous une étrangère...

Souriez de pitié, j'y consens ; mais que ce sourire soit celui de l'indulgence ; surtout veuillez garder mon secret. Le monde en raillerait peut-être. Que dirait-on, si l'on savait qu'une femme ignorée se permet d'écrire à l'homme qui plane par son génie au-dessus de toutes les célébrités de son siècle? Et que n'ajouterait-on pas si l'on apprenait que cette inconnue ose espérer une réponse?... Et pourquoi n'y compterais-je pas? Une Française se méfie-t-elle de prier vainement? Et n'est-on pas sûr, d'ailleurs, de retrouver dans le cœur le plus noble, le plus élevé, le plus français, une étincelle de cet esprit chevaleresque qui jadis animait ses aïeux?

Cependant, si vous ne voyez dans ma lettre qu'une preuve d'extravagance ou d'étourderie, déchirez-la, mais, je le répète, ne la livrez à l'ironie de personne... Un jour, le hasard pourra nous rapprocher ; vous connaîtrez Adèle, sans vous douter que c'est elle ; peut-être même l'apprécierez-vous sous son véritable nom... Alors, elle vous avouera son entreprise téméraire et peut-être en secret regretterez-vous de ne l'avoir pas plus tôt devinée (1)...

(1) Au moment même où Chateaubriand recevait cette lettre, la marquise de Vichet engageait avec lui une correspondance qui devait durer pendant dix-huit mois. Mme de Vichet, née Louise-Philippe Rioufol d'Hauteville, fille de Jean-Baptiste-Alexandre Rioufol d'Hauteville et d'Anne-Émilie de Contc de Tauriers, naquit en 1779. Elle avait donc quarante-sept ans environ. Elle habitait seule dans son château du Vivarais, pendant que son mari remplissait à Toulouse les fonctions d'inspecteur des douanes. Cette correspondance a été publiée en 1903 (Perrin, éditeur). Il est intéressant de la comparer avec celle-ci. Parfois, les réponses de Chateaubriand à Mme de Vichet et à Mlle de Villeneuve sont datées des mêmes jours et traitent des mêmes sujets. (S. R.)

I

PREMIÈRE LETTRE DE CHATEAUBRIAND

(*Pour remettre à Mlle Adèle de...*)

Paris, 24 novembre 1827 (1).

Je mets d'abord de côté, Mademoiselle, la supposition que vous n'êtes pas une femme. L'anonyme et la politique pourraient m'effrayer encore. Mais, laissant tout cela et n'ayant jamais rien à cacher, on ne peut jamais abuser de mes lettres ou se moquer de ma vanité. Maintenant, mademoiselle, je calcule votre âge ; vous parlez de quinze ans et puis des vingt-cinq années de ce que vous voulez bien appeler ma renommée. Votre écriture et vos sentiments sont plus jeunes que cela. D'un autre côté, vous voulez me voir dans la place où vous

(1) Le même jour, Chateaubriand écrivait aussi pour la première fois à la marquise de Vichet.

63

pensez que je dois être *pour le bonheur de la France* (1). Ceci n'est pas un souhait de quinze ans ; il y a contradiction dans votre lettre.

Ne désirez rien pour moi, Mademoiselle, que le repos et, s'il se peut, l'oubli ; j'ai peur de m'être brouillé un peu avec ce dernier ; s'il voulait se réconcilier avec moi, je lui consacrerais avec joie le reste de ma vie. Si nous nous rencontrons un jour, mademoiselle, je verrai sans doute quelque jeune et belle *Occitanienne*, pleine de grâce et de nobles sentiments comme sa lettre ; vous verrez un vieux bonhomme tout blanc par la tête et qui n'a plus du chevalier que le cœur. Ne nous voyons pas, mademoiselle ; je ne veux pas tomber dans des illusions quand vous perdrez les vôtres (2).

Recevez, je vous prie, mes remerciements, mes obéissances et mes hommages.

CHATEAUBRIAND.

---

(1) On a imprimé en italiques les mots que Chateaubriand souligne pour indiquer qu'ils sont empruntés aux lettres auxquelles il répond.

(2) « Je suis presque tenté de n'être jamais connu de vous ; j'aime trop vos illusions, madame, pour n'avoir pas peur de les dissiper par ma présence... » (A Mme de Vichet, novembre 1827.)

II

(Pour remettre à Mlle Adèle de...)

Paris, ce 11 décembre 1827.

Définitivement, Mademoiselle, vous êtes un homme ; je le croyais à votre première lettre ; j'en suis persuadé à votre seconde. Je ne vous demande point votre secret ; mais vous concevez qu'il ne peut convenir longtemps à vous et à moi de continuer une correspondance anonyme. Je vous remercie donc, Mademoiselle, de votre bienveillance et vous prie de croire aux sentiments que j'ai l'honneur de vous offrir.

CHATEAUBRIAND,

En recevant cette lettre, Mlle de Villeneuve « se sentit désespérée » et « se révolta contre une accusation qu'elle considérait comme une offense ». Elle répondit en signant sa lettre de son véritable nom et en annonçant qu'elle allait produire « un certificat d'identité ». Ce fut alors qu'elle écrivit à M. de Cambon, député du Tarn, son oncle à la mode de Bretagne, pour le prier de parler d'elle à Chateaubriand.

LETTRE DE Mlle DE VILLENEUVE
A M. DE CAMBON

Décembre 1827.

Je désirais vous voir avant votre départ, Monsieur, afin de vous remettre mes *mandats*. Vous êtes doublement mon député puisque je suis Toulousaine et votre cousine ; vous ne devez donc pas être étonné que je m'adresse à vous ; mais vous le serez peut-être en apprenant de quelle affaire il s'agit Je ne prétends toucher à aucune question politique, quoique, dans ce siècle, grands et petits se croient tous législateurs ; encore moins vous donner des conseils sur la marche à suivre, quoique les ignorants aient maintenant une terrible tendance à vouloir imposer leurs opinions. Je suis aveuglément tranquille sur les intérêts de notre département, puisqu'ils ont été remis entre vos mains et e le serais aussi sur ceux de la France, si les mêmes garanties se répétaient et venaient nous rassurer contre l'avenir.

Qu'ai- e donc à demander à un député? Je viens le prier de faire une visite de ma part à un homme célèbre qui n'a jamais entendu parler de moi, mais auquel je ne veux pas absolument rester tout à fait inconnue. Nommez ce désir une folie, une fantaisie, un caprice... je m'y soumets. Rappelez-vous seulement combien l'enthousiasme que m'inspire le plus illustre des écrivains ressemble au vôtre et ne me jugez pas ensuite trop sévèrement.

Il importe cependant bien peu à M. de Chateaubriand d'apprendre qu'il existe, au fond d'une province, encore une admiratrice de son beau talent. Je compte donc aussi beaucoup sur vous pour me faire valoir à ses yeux et pour dire, bien mieux que moi-même, tout ce que je pense comme vous. Néanmoins, afin de ne pas compromettre votre gravité de législateur en la rendant complice d'une étourderie de jeune femme, je joins à ma lettre un petit billet qui rejettera tout sur moi. Il n'est point cacheté, afin que vous puissiez le lire.

A présent, je vous demande presque le secret ; la moindre singularité peut devenir ridicule dès qu'on la répète et qu'on la dénature. Ce sont deux limites bien rapprochées et il est toujours plus prudent d'éviter tout ce qui peut nous entraîner vers ce point qu'on dépasse si souvent sans s'en douter. Je me flatte, pourtant, d'être comprise par vous ; mais il n'en serait pas peut-être de même de tout le monde.

Veuillez, mon cousin, croire à tous les sentiments d'estime et d'attachement que je vous avais voués par tradition, avant que j'eusse été dans le cas de vous apprécier par moi-même.

LÉONTINE.

Fort occupé, M. de Cambon attendit plusieurs semaines avant de s'acquitter de la commission. La lettre que Mlle de Villeneuve avait adressée directement au grand homme eut, par bonheur, un effet plus rapide.

III

(Pour remettre à Mlle Adèle de...)

Paris, ce 23 décembre 1827.

Eh bien, mademoiselle, je vous crois. Le nom de M. de Cambon arrange tout. J'attendais l'accomplissement de votre promesse, et je crois déjà vous connaître. Vous désirez savoir ce qui avait confirmé mes soupçons dans votre dernière lettre ! C'était la phrase sur l'écolier de droit : il me semblait que vous aviez dit votre secret. Il n'y avait rien du reste dans votre lettre qui ne fût plein de charme, de mesure et de goût, et je serais désolé d'avoir pu vous en donner une autre idée.

J'espère, mademoiselle, que je ne tarderai pas à connaître le nom de mon obligeante anonyme : je ne lui demande ni *admiration*, ni *enthousiasme*. Elle parle des *rêveries de la jeunesse;* qu'elle me les raconte ; elles se mêleront aux derniers songes de ma vie.

Je signe pour la dernière fois. La jeune et belle inconnue doit être familiarisée maintenant avec mon écriture.

CHATEAUBRIAND.

IV

Paris, ce 12 janvier 1828.

A présent, mademoiselle, que vous avez signé votre lettre, notre correspondance devient plus embarrassante pour moi. Je ne puis plus vous dire de choses vagues et vous offrir les hommages de la galanterie commune qu'on adresse à une inconnue, qui s'amuse elle-même sous le masque de ce jeu d'un moment. Votre lettre est pleine de bonté et de charme. Si mon portrait eût été tracé par une anonyme, ce serait un jeu d'esprit dont je remercierais *Adèle*, mais dont je dois un peu me plaindre à *Léontine*. Si j'étais tout ce que vous dites, je serais plus rassuré en vous écrivant.

Vous vous plaignez de vos rêveries comme d'un mal ; gardez-les plutôt : que vous resterait-il après elles? Moi qui suis parvenu à l'âge des réalités, je regrette tous les jours mes songes ; je ne le dis pas tout haut pour n'avoir pas l'air d'un fou, mais je donnerais toute la sagesse de mes longues années pour un moment de ma jeunesse (1). J'attends avec une impatience extrême votre oncle ; il me fera votre portrait. Je suis sûr qu'il ressemble à l'original que je me suis créé. Verrai-je jamais Léontine? Je suis convaincu qu'elle est charmante, même avec un bonnet de bachelier (2). Puisque je suis *votre ami*, vous croirez, j'espère, à ma discrétion. Votre nom même ne sera pas prononcé par moi. Ne désirez pas qu'il devienne célèbre : il y a

(1) Du même jour, à Mme de Vichet : « ... Bien des gens me croient dans ce moment occupé de politique et de ministères, et c'est avec une sorte de félicité que j'écris à une femme qui m'est inconnue... »

(2) *Idem :* « Vous m'apparaissez, comme le fantôme des rois de France, lorsque je vais mourir... »

assez de peine dans la vie sans encore aller se charger des chagrins de la gloire. Je plains bien sincèrement vos inquiétudes de cœur. Hélas ! au moment où je vous écris, une personne qui m'est bien chère a peut-être quitté la vie. Le temps détruit autour de moi tout ce que j'ai aimé. Je m'en irai bientôt moi-même et ma nouvelle amie Léontine n'est venue que pour me dire adieu.

CH.

V

(Pour remettre à Mlle Adèle de V...)

Paris, ce 27 janvier 1828.

Je prends d'autant plus de part aux regrets de Léontine que sa lettre m'a trouvé également affligé de la perte d'une amie : cette amie, dont elle désirait connaître le nom, est Mme la duchesse de Duras (1)... Je vous remercie

(1) Claire-Louise-Rose-Bonne de Coetnempren de Kersaint, mariée à Amédée Bretagne Malo de Durfort, duc de Duras, pair de France. Elle était fille de Gui-Armand-Simon de Coetnempren, comte de Kersaint, vice-amiral, et de Claire-Louise-Françoise-Alesso d'Eragny. Elle laissa deux filles dont l'une

bien sincèrement de votre confiance ; vous ne pouvez pas me donner une preuve de votre intérêt à laquelle je fusse plus sensible que de me parler de votre sœur (1). J'ai aussi perdu, il y a bien longtemps, une sœur incomparable (2). Mes chagrins ne sont pas comme les vôtres ; ils datent de loin : c'est le triste privilège des années.

Vous viendriez donc à Paris, si votre père était député. Je suis alors bien fâché d'avoir refusé un ministère (3) ; j'aurais pu employer utilement mon crédit ; mais je suis maintenant *gros Jean comme devant ;* je ne puis rien ni pour les autres, ni pour moi. Au surplus, il n'est peut-être pas bon que je vous voie jamais, puisque vous convenez que vous êtes jolie quand vous êtes aimée. Si j'allais vous donner une beauté

épousa : 1º le prince de Talmont ; 2º le comte de La Roche-jaquelein, et l'autre le marquis de Chastellux. Le duc de Duras se remaria avec Marie-Émilie Kmisli, dont il n'eut pas d'enfant. (S. R.) Mme de Duras, la plus dévouée des amies de Chateaubriand — et qui paraît bien n'avoir été pour lui qu'une amie — l'auteur des deux petits romans alors à la mode : *Ourika* et *Edouard*, venait de mourir à Nice le 16 janvier.

(1) Octavie de Villeneuve, sœur de Léontine.

(2) Lucile de Chateaubriand, morte à Paris le 9 novembre 1804.

(3) Dans le ministère Martignac constitué le 5 janvier 1828. Il conte dans ses *Mémoires* qu'inscrit d'abord sur la liste, il en fut « rayé avec indignation par Charles X » — puis, qu'on lui offrit le ministère de l'Instruction publique ; il répondit qu'il n'accepterait que celui des Affaires étrangères, « en réparation de l'affront reçu » en 1824.

extraordinaire? Mes amoureux cheveux blancs auraient le déplorable effet d'augmenter votre beauté en proportion de l'éloignement qu'ils vous inspireraient pour moi.

Cependant, si vous ne venez pas vers moi, je pourrais bien aller vers vous : je ne crains pas tant les montagnes, que je ne songe depuis longtemps à un voyage dans les Pyrénées. Voilà une belle conquête que vous avez faite ! un homme qui cherche des eaux pour des rhumatismes, un vieux voyageur qui se traîne sur le peu de chemin qui lui reste à faire. Il n'y a en vérité pas de quoi être *jalouse*, comme vous prétendez l'être. Il ne manquera plus, pour m'achever dans votre imagination, que de vous procurer cette gravure où je fais une abominable grimace et où je parais à demi bossu (1) ! Me voulez-vous comme cela pour votre chevalier? Parlez, je suis à vos pieds. J'attends M. de Cambon avec grande impatience. La personne qui viendra de votre part sera bien reçue : si je savais le jour, je tâcherais de me rajeunir pour qu'elle ne me peignît pas trop mal à vos yeux. Vous avez découvert un défaut en moi? Vous n'êtes pas au bout de vos découvertes !

(1) Cette gravure, Mlle de Villeneuve se la procura, en effet, et la conserva pieusement jusqu'à sa mort. Elle la joignit aux lettres dans le coffret qu'elle légua à ses héritiers.

Je reviens à votre sœur en finissant ; puisse ma lettre être quelque chose dans les consolations de votre vie !

CH.

VI

(Pour Mlle Adèle...)

Paris, ce 14 février 1828.

Je vais vous faire une querelle sérieuse. Vous me dites qu'une personne qui me connaît depuis assez longtemps est venue me voir de votre part et qu'elle n'a pas jugé à propos de me parler de vous.

Vous me dites que M. de Cambon a un billet de vous pour moi ; j'ai vu M. de Cambon et il ne m'a rien donné de votre part. Il ne m'a pas prononcé votre nom et, comme vous le croyez bien, je me suis bien gardé de l'interroger sur ce silence.

Ainsi, vous me connaissez, et, moi, je ne vous connais pas encore ; j'aime mieux Léontine qu'Adèle, mais je ne sais si les deux personnes ne sont pas « l'écolier en droit ». Si vous voulez donc que je continue à vous écrire, si vous voulez guérir mes rhumatismes et *rebrunir* mes cheveux à Saint-Sauveur (1), il faut que vous me prouviez l'identité de votre personne, pour vous parler le langage du Code. J'attends votre réponse ; jusque-là, je cesse d'être votre vieux chevalier.

CH.

Mon adresse est rue d'Enfer, n° 84.

VII

(*Pour remettre à Mlle Adèle...*)

Paris, le 12 février 1828.

Réparations et excuses à Léontine. M. de Cambon m'a enfin parlé du billet ; il l'avait oublié chez lui : je ne lui ai point dit le secret. Il m'a fait le portrait de Léontine : elle a vingt-deux ans (2) : elle est pleine de vertu et

---

(1) Près de Tarbes, dans les Pyrénées, station thermale où Mlle de Villeneuve avait écrit qu'elle devait se rendre cette année-là.

(2) M. de Cambon faisait une légère erreur ; elle avait vingt-quatre ans accomplis.

de charme. Voilà les propres expressions du peintre ; il faut donc bien que j'aime Léontine *toujours*, comme elle le veut.

La vertu me fait un peu peur, car je n'en ai guère. Mais je ne l'en aime et ne l'en admire pas moins de toute mon âme. Je suis si souffrant aujourd'hui de mon rhumatisme que je puis à peine écrire. Votre chevalier attendra donc une lettre de vous et en passera par toutes les pénitences que vous voudrez lui imposer. Il n'est, pourtant, plus assez jeune pour rester, comme Amadis, une vingtaine d'années sur la *Roche-Pauvre*, à pleurer. Ainsi, il vous prie humblement d'abréger la pénitence ; car, quand il reviendrait, il ne s'agirait plus de lui donner le bras dans les Pyrénées, mais de l'enterrer. Or, c'est vivant que je veux vous aimer.

CH.

VIII

(Pour remettre à Mlle Adèle...)

Paris, 26 février 1828.

Voilà toutes nos querelles finies ; car M. de Cambon, de son côté, m'a remis votre lettre.

Vous voilà Léontine pour toujours. Voici deux points qu'il faut traiter : vous vous obstinez à n'être point jolie, et vous voulez mon amitié : voyons cela.

Jolie, je vous tiens pour telle. Vos lettres sont pleines de charme et d'esprit. J'aime les boiteuses (1) à la folie. Ainsi, arrangez-vous, vous êtes jolie. Nous verrons cela à Saint-Sauveur : c'est mon affaire.

Pour l'amitié, comment ferons-nous? J'en ai plus que l'âge ; mais vous, vous ne l'avez pas. Si j'avais cinquante ans de moins, vous seriez bien embarrassée. Il y a un sentiment qui n'a pas besoin de temps, qui naît d'un moment sur un regard, un portrait, une lettre : nous en sommes juste là. Je pourrais être amoureux parce que vous m'avez écrit ; mais surviennent mes cheveux blancs et je ne serais plus que ridicule. Pour l'amitié, il faut de longues années et vous me prenez si tard ! Ai-je le temps d'attendre que vous m'aimiez comme cela et pouvez-vous m'aimer autrement?

Notre position, Léontine, est donc très embarrassante ; nous en causerons à Saint-Sauveur. En attendant, j'en serai avec vous au

---

(1) La boiterie n'était qu'un accident momentané dont je plaisantais dans ma lettre. Réclamation rétrospective et féminine. (*Note de l'Occitanienne.*)

culte et, pour me tirer d'affaire, je vous regar-
derai comme un être idéal, une fée charmante,
une Muse, sans me demander comment je vous
aime. Ne manquez pas de m'écrire et surtout
guérissez-vous : de jeunes jours sont un remède
puissant.

CH.

Je vous mets deux adresses parce que je ne
vous ai pas bien comprise.

DE M. DE CAMBON A Mlle DE VILLENEUVE

Paris, 1er mars 1828.

Je serais bien fâché, ma chère cousine,
que le silence beaucoup trop long que j'ai gardé
envers vous vous eût fait prendre le change
sur les sentiments que j'ai éprouvés en lisant
votre lettre. Elle m'a causé de la surprise, sans
doute, mais une surprise bien agréable, en
retrouvant, dans un paquet de lettres que je
croyais seulement destinées à être jetées à la
poste, des témoignages d'une amitié et d'une
confiance que je serai glorieux de mériter.

Je n'ai éprouvé de sentiment pénible que celui de ne les avoir pas assez cultivées et le regret de n'avoir pas pris vos ordres avant mon départ.

Quoi qu'il en soit, ma chère cousine, votre bonté m'a dédommagé, et je dirais qu'elle m'a trop bien traité si je ne me sentais aussi digne de votre confiance. Votre démarche auprès de M. de Chateaubriand, dont vous m'avez rendu l'intermédiaire, n'a rien qui pût étonner quelqu'un qui partage comme moi l'admiration qui s'attache à ce grand homme et qui se sentait en fonds autant que je l'étais, pour, en m'acquittant de mon mandat, placer mon aimable mandataire sous la recommandation de toutes les vertus. C'est dans ces termes, que je n'ai point exagérés, que j'ai dépeint à mon noble ami celle qui portait son tribut d'admiration à ses talents et à son génie et j'ai pu démêler qu'il était loin d'être insensible à un hommage aussi pur.

Son premier mouvement a été de me dire qu'il répondrait à une si flatteuse avance et j'ai conservé l'espoir que j'aurais à vous envoyer une réponse qui vous assurerait au moins de mon exactitude et de sa reconnaissance. Mais c'est ici, ma chère cousine, qu'en même temps que je désire que vous y trouviez l'explication de mon silence, je dois convenir que l'homme que j'affectionne et dont j'admire avec vous le génie, se laisse souvent absorber par d'autres pensées, et soit indolence, à laquelle, dit-on, il est un peu sujet, soit que les grands événements du jour, dont il est fort préoccupé, l'aient empêché de réaliser son projet (1), je n'ai encore rien reçu de lui à vous faire parvenir. Je n'aurais aucune excuse à invoquer en sa faveur s'il avait le bonheur de vous connaître et vous aurez trop d'avantage sur lui, si jamais il se trouve en face de vous ; mais jusque-là traitez-le avec un peu d'indulgence. Il est possible, d'ailleurs, qu'il songe à réparer sa faute ; je ne le vois pas aussi souvent que je le voudrais et peut-être à notre première entrevue me chargera-t-il de sa commission.

Pour ce qui me concerne, ma chère cousine, que de remerciements ne vous dois-je pas pour la bonne opinion que vous voulez bien avoir de moi ! Vous me donneriez de l'amour-propre, si je n'aimais tant à croire à votre amitié à laquelle e dois tant d'indulgence. La seule chose où je crois mériter vos éloges, c'est dans ces sentiments d'honneur qui sont un guide assuré

(1) M. de Cambon ignorait qu'au moment où il écrivait, Chateaubriand avait déjà répondu à Mlle de Villeneuve. Voir les lettres du 12 et du 14 février. (S. R.)

dans la ligne du devoir. Je suis assuré de ne pas m'en écarter ; mais j'ai peut-être besoin qu'un esprit comme le vôtre me défende contre des jugements prévenus ou peu réfléchis. Vous savez mieux que personne que des sentiments généreux n'égarent point un cœur pur qui les apprécie ; le tribut qu'on leur paye peut s'accorder avec tous les devoirs. C'est aussi de cette manière que j'ai jugé votre démarche vis-à-vis de M. de Chateaubriand et ce n'est pas moi qui vous en aurais blâmée. Je ne pense pas même que personne puisse le faire ; cependant, puisque vous ne vous souciez pas de livrer au jugement du commun un acte qui ne pourrait paraître extraordinaire qu'à des âmes moins élevées que la vôtre, j'en garderai le secret que vous me demandez.

Adieu, mon aimable cousine, conservez-moi votre amitié dont vous m'avez fait sentir le prix et croyez au plus inviolable attachement comme à l'admiration de votre cousin.

Auguste DE CAMBON.

DE Mlle DE VILLENEUVE A M. DE CAMBON

1828.

Et moi aussi, mon cher cousin, j'ai été presque surprise en recevant votre lettre ; je la devinais peut-être, mais je ne l'espérais point et je trouvais assez naturel d'avoir été oubliée à travers le conflit d'affaires et de grands intérêts qui se pressent autour d'un député. D'ailleurs, dans ce siècle, les femmes ne sont pas gâtées. Aussi sont-elles beaucoup moins exigeantes. La Révolution nous a ôté notre sceptre, la Charte ne paraît pas devoir nous le rendre ; il ne nous reste que des traditions et des regrets... Pardonnez-moi cette boutade contre notre gouvernement ; elle est d'autant plus hors de propos que vous venez de me prouver qu'on peut être tout ensemble homme d'État du temps présent et homme aimable d'autrefois.

Quant à votre illustre ami, que je tiens pour franc et loyal chevalier, malgré son silence accusateur, je ne suis nullement tentée de me plaindre de lui. Je ne comptais pas du tout recevoir une de ses lettres par votre entremise. Mon billet ne demandait point une réponse. Je voulais seulement me faire connaître à lui, afin de ne pas être tout à fait traitée en étrangère, si je dois le rencontrer un jour. Le choix de l'interprète m'a décidée aussitôt. J'ai compté sur vous pour me faire valoir, pour excuser ma démarche et pour prévenir en ma faveur celui qui doit être blasé sur les hommages.

Votre mission est donc remplie, et il ne me reste qu'à vous remercier et à me réjouir de n'avoir été trouvée par vous ni folle, ni inconséquente. Votre bon jugement me faisait bien pressentir un peu votre opinion, et puis il me semble que mon petit billet ne devait étonner personne. Néanmoins, je vous ai demandé le secret comme pour une étourderie et je le réclame encore, de peur de ces jugements erronés qui ne s'appuient sur aucune base et qui répandent le ridicule lorsqu'ils ne peuvent trouver pire. Les intentions pures sont beaucoup ; on est toujours heureux avec le bon témoignage de soi même.

Croyez-vous que j'aie attendu votre lettre pour vous défendre contre les jugements prévenus ou peu réfléchis ? Vous dire qu'on ne vous attaque pas, ce serait vous confondre avec ces hommes obscurs qui se perdent dans la foule. Ce serait vous dire qu'il n'existe plus de partis. Au contraire, on n'a jamais été plus divisé et moins disposé à s'entendre. Chacun veut être despote dans son opinion. La moindre nuance, le plus léger amendement, paraît une trahison ; la justice même n'est point respectée et chacun trace un cercle hors duquel il n'y a ni honneur, ni bonne foi, ni salut pour la monarchie. Je puis vous parler savamment sur ce sujet, car j'ai le bonheur ou le malheur de n'être d'accord avec personne et je me vois tour à tour taxée d'absolutisme et de libéralisme ; enfin, à présent, on s'est imaginé de découvrir que j'étais tout simplement chateaubriandiste.

Mon Dieu, quand viendra ce temps, âge d'or du gouvernement représentatif, où l'on se persuadera enfin qu'on a des députés et des pairs pour s'occuper de nos intérêts et où femmes, enfants, vieillards ne se croiront pas appelés au grand œuvre du gouvernement? Quant à moi, je suis prête à me taire, surtout si c'était pour vous écouter. Du reste, nous sommes dans une situation si singulière qu'en province du moins personne ne sait bien ni ce qu'il veut, ni où il va. Mais il me semble qu'on peut suivre sans crainte le sentier tracé par MM. de Chateaubriand, Delalot (1) et de Cambon. Ils ne laisseront jamais l'honneur en arrière. Voilà maintenant une garantie introduite dans le ministère. La nomination de H. de N... (2) en présage-t-elle d'autres? Que ferons-nous de notre grand publiciste? Ah! vraiment, je suis bien tentée de ne rien désirer pour lui; la voix du génie pourrait-elle se faire entendre au milieu de la tempête qui gronde?

Mais voilà bien assez de politique; si vous étiez ici je tâcherais de laisser guider la mienne par la vôtre. Il ne tiendra qu'à vous de me rendre

(1) Charles-François vicomte Delalot, né le 17 avril 1772, mort le 27 octobre 1842, fut député de 1820 à 1824 et de 1827 à 1830. Il contribua à renverser le ministère en 1821 et combattit la politique d'extrême droite. Il fut proposé en 1828 pour la présidence de la Chambre, mais le roi lui préféra Royer-Collard. Chateaubriand avait pour lui autant d'estime que d'affection, comme on peut le voir dans les lettres qu'il écrivit à Villèle, lors des élections de 1822. (S. R.)

(2) Jean-Guillaume baron Hyde de Neuville, né le 24 janvier 1776, mort le 28 mai 1857, député de 1815 à 1816 et de 1822 à 1830, fut ministre du 3 mars 1828 au 7 août 1829. M. de Chabrol, qui faisait partie du ministère Villèle, avait conservé son portefeuille dans le ministère Martignac; mais, lorsque, le 12 février 1828, M. de Martignac réprouva les procédés électoraux de Villèle, il donna sa démission et il fut remplacé par Hyde de Neuville.

C'est Chateaubriand qui fit décider sa nomination. Il écrit, le 18 mars, à Mme de Vichet : « Eh bien! Marie, êtes-vous contente? Voilà notre ami ministre; et vous serez encore plus satisfaite que j'aie eu le bonheur de contribuer à sa nomination. Je vis les ministres le samedi et, le lundi, il était à la Marine. » (S. R.)

un de vos disciples. Je vous reprocherais peut-
être de ne l'avoir pas essayé, si vous n'étiez
assez aimable pour vous le reprocher vous-
même.

Veuillez, mon cher cousin, croire à mon bien
véritable attachement.

LÉONTINE.

IX

(Pour remettre à Mlle Adèle de...)

Paris, 8 mars 1828.

Je consens à n'être dans votre vie *qu'un
charme indéfinissable*, si vous dites bien la
vérité ; et je vous crois sincère : ne donnons
point de nom, comme vous le proposez, à notre
sentiment. Vous me préférez à des amis, à de
vieux parents ; je suis touché jusqu'aux larmes ;
mais que me donnez-vous et que puis-je vous
rendre? Je n'ai à offrir à votre jeune vie, à
vos grâces qu'une vie usée et les disgrâces du
temps contre lesquelles il n'y a point de retour.
Je ne radote pas assez pour avoir jamais songé
à vous demander un sentiment que mon âge

peut ressentir, mais qu'il n'inspire plus; et, croyez-moi, quand j'aurais cette gloire que vous m'accordez, elle peut parer, mais elle n'embellit point la vieillesse. Il y a dans votre lettre une chose sérieuse (1) : croiriez-vous que je n'ai pas le courage d'y répondre? Je le devrais pourtant, je devrais vous donner les conseils d'un sage et vieux ami; je ne le puis. Expliquez cela, Léontine. Je suis peut-être déjà plus malade que je ne l'ai cru.

Vous aimez *les Natchez?* C'est mon ouvrage de préférence : je suis heureux de me rencontrer avec vous. Vous avez reçu les *Voyages en Amérique et en Italie;* il va paraître deux volumes de politique déjà connus (2). Après cela il ne restera que trois volumes, tous trois inédits, pour compléter l'édition. Le premier contiendra divers morceaux en prose et en vers (3) et, les deux derniers, les discours préliminaires sur l'*Histoire de France.* Je n'entre dans les détails que pour répondre à ce que vous demandez sur cette Histoire. Ma vie finira, sans doute,

(1) Léontine avait demandé à Chateaubriand si elle devait songer à se marier.

(2) Les *Œuvres complètes* de Chateaubriand étaient en cours de publication chez le grand éditeur romantique, Ladvocat, depuis le mois de juin 1826. Pendant ces deux premières années, la publication avait été poussée activement. Les deux volumes de politique sont les tomes XXIV et XXV des *Œuvres.*

(3) Tome XXII, *Mélanges et Poésies.*

avant elle ; du moins je l'aurai commencée !
Mais mon édition achevée, je crois que je ne
produirai plus rien. Il est temps de me reposer
et de regarder un moment autour de moi avant
de partir pour mon dernier voyage. Tendres
hommages à Léontine.

CH.

X

(Pour remettre à Mlle Adèle de...)

Paris, 21 mars 1828.

Votre lettre m'a affligé, elle est sérieuse et,
à travers tout votre charme, quelque chose
de triste se laisse sentir et deviner. *Je ne vous
aime point*, dites-vous, et vous, *vous m'aimez.*
Voulez-vous prendre le mot dans toute son
étendue ? Comment voulez-vous, d'abord, que
j'exprime pour moi ce que je sens pour une
femme que je ne connais pas ? De la reconnaissance pour vos bontés, de l'attendrissement et
de la réciprocité pour une amitié si simplement
et si généreusement offerte, enfin un certain
attrait indéfinissable qu'on éprouve toujours

dans des relations de cœur et de confiance avec une jeune femme, voilà sincèrement ce que j'éprouve pour Léontine.

Veut-elle faire de tout cela quelque chose de dangereux, mais léger, qui compromettrait le bonheur de sa vie, quelque chose qui ne serait que passager pour moi, tandis qu'elle y mettrait toute son existence (1)? Il faudrait, à l'instant même, cesser de nous écrire. Je ne puis donner le bonheur à personne, parce que je ne l'ai pas (2) ; il n'était pas de ma nature, il n'est plus de mon âge. Je me retire de la vie où vous entrez. Que feriez-vous d'un vieux compagnon de voyage qui vous laisserait au commencement du chemin (3)? Mais ne vous êtes-vous pas fait

(1) Dans sa dernière lettre, Mlle de Villeneuve s'était enhardie jusqu'à formuler un projet où elle mettait à la fois toute son imagination et tout son cœur. C'est celui sur lequel elle revient plusieurs fois dans ses *Confidences*. Elle ne se marierait pas : disposant d'une certaine fortune personnelle qui assurerait son indépendance, elle se retirerait comme dame résidente dans quelque couvent pareil à celui de l'Abbaye-aux-Bois. Là, entourée de toutes les convenances, elle pourrait voir souvent son illustre ami et continuer de vive voix l'intimité d'âme et d'esprit commencée dans la correspondance. Puis, quand les infirmités de l'âge empêcheraient Chateaubriand de lui rendre des visites régulières, elle irait le soigner, lui tenir compagnie, comme une nièce ou une fille d'adoption. (S. R.)

(2) On lit dans les pages de la Bibliothèque nationale : « ... Vois-tu, quand je me laisserais aller à une folie, je ne suis pas sûr de t'aimer demain. Je ne crois pas à moi. Je m'ignore, etc... » (*Amour et Vieillesse*, éd. V. Giraud.)

(3) « ... Songe que tu dois me survivre, que tu seras encore

des frayeurs imaginaires? Êtes-vous déjà en péril par quelques lettres d'un inconnu et, quand vous aurez vu cet étranger, ne rirez-vous pas de votre peur? Voyez, examinez bien les choses et croyez avant tout que je ne vous tromperai jamais, que jamais je ne me ferai un jouet du bonheur de personne.

Reste une chose. La *sincère* Léontine a, pourtant, dans sa lettre, manqué sur un point de *sincérité*. Elle n'a pas pu croire que je voulais lui dire : *Léontine, votre inexpérience vous égare, vous êtes coupable en m'écrivant*. Il est clair que ma phrase réservée (1) répondait à ce que vous me disiez des desseins de vos parents. Eh bien ! je vais encore parler sans détours.

La religion, la morale, l'ordre recommandent le mariage ; un honnête homme ne peut parler que dans ce sens. Voilà ce que ma probité m'oblige de dire ; mais, d'un autre côté, l'indépendance absolue faisant le fond de mes goûts et de mon caractère, je m'abstiendrai toujours de répondre lorsqu'on m'interrogera, et je ne

---

longtemps jeune quand je ne serai plus... » (*Idem.*) Le même jour, 21 mars, Chateaubriand écrit à Mme de Vichet : « Elles seront pour vous, ces années, et non pour moi qui m'en vais...»

(1) Allusion à la phrase : « Il y a dans votre lettre une chose sérieuse : croiriez-vous que je n'ai pas le courage d'y répondre? »

dirai jamais à Léontine : mariez-vous ! Je ne puis ni conseiller contre un devoir, ni vaincre une antipathie. Je ne cherche pas à descendre plus avant dans mon cœur. Tenons-nous-en là jusqu'au jour où vous prêterez votre jeune bras à mes vieux rhumatismes. Écrivez-moi. Vos lettres, je vous assure, sont ma vie.

XI

(Pour remettre à Mlle Adèle de...)

Paris, ce 5 avril 1828.

J'ai peur de vous affliger et, cependant, je sens que je dois vous parler sérieusement. Vous me dites : *je vois du bonheur ou du malheur avec vous et par vous.* Vous vous trompez, je ne puis vous donner que du malheur. Je ne parle pas du malheur que je porte en moi et que vous pourriez aimer ; je parle de celui que je donne. Toutes les personnes qui se sont attachées à moi s'en sont repenties ; toutes ont souffert ; toutes sont mortes de mort prématurée ; toutes ont perdu plus ou moins la raison avant de mourir (1). Aussi suis-je saisi de terreur quand quelqu'un veut s'attacher à moi. Je vous en conjure, Léontine, songez bien à ce que vous faites. Que votre sentiment pour moi soit d'une espèce ou d'une autre, peu importe : je vous rendrai malheureuse dans ce sentiment (2). Je ne dispose ni de ma vie intérieure, ni de ma vie extérieure, je ne puis ni régler mon cœur, ni ma destinée. Si j'avais une longue carrière devant moi, encore pourriez-vous être assez insensée pour en courir les chances ; mais perdre toute votre vie pour quelques années qui me restent, cette idée me révolte. Songez que je vous échapperai. La fortune ou la mort peuvent m'enlever à vous d'un moment à l'autre ; je puis être dans l'impossibilité de vous voir, de vous rencontrer jamais. Si vous m'aimez trop, que deviendriez-vous?

Pardonnez, je vous dis tout cela brutalement, mais en homme de conscience et d'honneur, en homme qui connaît l'influence de sa fatale des-

(1) Il pense surtout à sa sœur Lucile, morte certainement avec un dérangement du cerveau, et à Nathalie de Noailles, duchesse de Mouchy, devenue folle en 1817. Il est sincère, d'ailleurs. Toute sa vie il eut, pour lui-même, la hantise de la folie. Peu d'années auparavant, il avait écrit déjà dans ses *Mémoires* : « ... Beaucoup de personnes que j'ai connues et aimées ont vu se troubler leur raison auprès de moi, comme si je portais le germe de la contagion... » (T. I, p. 259.)

(2) « Je te pardonnerais ton bonheur avec un ange — avec un homme, jamais. » (*Amour et Vieillesse.*)

tinée. Vous me direz : « Pourquoi vous alarmez-vous? Qui vous dit que je vous aime d'une manière à souffrir par vous? Sur quoi me jugez-vous ainsi? »

Chère Léontine, je veux bien me tromper, je veux bien continuer à vous aimer et à vous écrire toute ma vie; mais j'ai dû vous avertir, afin que si, un jour, vous vous trouviez malheureuse, vous ne puissiez pas me dire : « Pourquoi m'avez-vous trompée, pourquoi m'avez-vous entretenue dans une dangereuse illusion? Pourquoi n'avez-vous pas averti une jeune étrangère, qui se laissait aller vers vous par le vain bruit qui s'attachait à votre nom? Vous ne deviez pas faire de son bonheur un jouet et de sa confiance un abus coupable. »

C'est la première et la dernière fois, Léontine, que je vous parle sur ce ton. Si vous calmez mes craintes, si vous vous sentez assez courageuse pour risquer avec moi votre destinée, je n'ai plus rien à vous dire et je m'abandonnerai avec vous les yeux fermés à l'avenir (1).

---

(1) Au moment où il écrivait cette lettre si furieusement romantique et si digne de René, Chateaubriand subissait une crise de dépression. Il écrivait la veille, 4 avril, à Mme de Vichet : « ... Je suis las de la vie. Je l'étais dès ma jeunesse... Toujours rongé d'un ennui secret, j'avance vers le terme qui m'a toujours semblé si loin qu'on ne peut l'atteindre. Toute votre grâce, toute votre amitié ne changeront pas en moi cette disposition intérieure... »

XII

(Pour remettre à Mlle Adèle de...)

Paris, 18 avril 1828.

En vérité, vous me faites peur. Vous voulez me charger de votre destinée ; elle sera mal entre mes mains. Je vous l'ai dit et vous le répète, craignez-moi ; j'ai quelque chose de fatal. Je ne sais quel sentiment je vous inspire ; ce n'est pas de l'amitié. L'amitié est fille du temps (1). Ce n'est pas de l'amour, vous le dites et je vous crois. On n'aime pas d'amour ce qu'on n'a jamais vu et, surtout, un homme de mon âge. Ce n'est pas de l'admiration ; je ne la mérite pas et, d'ailleurs, l'admiration n'est pas si passionnée. Qu'est-ce donc?

Allons plus loin : supposez que je vous rencontre aux eaux, que, malgré tout ce qui doit vous mettre à l'abri d'une folie, vous vous attachiez à moi. Si je vous trompais? Vous me dites

---

(1) « L'amitié a bien plus d'illusions que l'amour, et elles sont bien plus durables... Elle s'accroît avec les années, etc... » *(Amour et Vieillesse.)*

que vous cesseriez de m'aimer si je ne vous aimais plus : très bien, je pourrais m'arranger de cela : vous aimer toute ma vie, assuré que je serais de votre amour, ou vous laisser, sachant que vous seriez bientôt guérie. Mais n'êtes-vous point dans l'erreur? Vous consoleriez-vous si vite et si bien (1)? Et n'auriez-vous rien perdu dans le passage? Si j'étais froid, égoïste, incapable d'aimer et de regretter rien, si je n'étais pas l'homme de mes ouvrages?

Léontine, je veux être, comme vous le voyez, brutal et odieux. J'arrive à des suppositions absurdes pour vous épouvanter et pour que vous n'ayez jamais à me dire : Vous m'avez séduite, vous avez abusé de mon abandon et de ma confiance. Maintenant, voici ma conclusion. Si, avertie comme vous l'êtes, vous ne voulez pas prendre votre parti, vous marier par exemple et m'oublier, si vous persistez à vouloir me voir aux eaux ou ailleurs, je consens à tout, mais à vos risques et périls. Je ne crois pas que vous couriez le plus petit danger et, quand vous m'aurez vu, vous rirez de votre peur et des airs que je me donne d'être si formi-

(1) Dans *les Natchez*, René écrit à sa femme Céluta : « ... Si vous me perdez, vous resterez veuve ; qui pourrait vous environner de cette flamme que je porte avec moi, même en n'aimant pas?...

dable (1). Mais, enfin, comme j'ai rendu malheureux tout ce que j'ai rencontré, je ne veux plus être responsable de rien. Disposez de moi à cette condition.

Quand je vous dis que je ne sais ce que je ferai, ce que je deviendrai, je vous dis la vérité. Toutes les probabilités sont que je serai libre au mois de juin et que j'accomplirai mon pèlerinage aux Pyrénées ; mais il y a toujours dans ma vie de l'inconnu, et ma fortune est fantasque. Je me mets à vos pieds. Pardonnez-moi.

XIII

(A Mlle Adèle de...)

Paris, 28 avril 1828.

Je m'empresse de vous répondre un mot, pour que vous le receviez avant de partir pour la campagne. Puisque vous n'avez pas peur,

----

(1) Même sentiment, mais plus adouci, dans la lettre à Mme de Vichet datée du même jour : « Votre frayeur de me voir me toucherait au fond de l'âme, si elle ne me faisait rire en me forçant de me regarder. Quelle peur puis-je inspirer à une femme?... Venez donc, et vous me verrez à vos pieds sans être troublée... »

il faut bien que je me rassure aussi ; attendons donc l'avenir. Quand vous m'aurez vu, je ne craindrai plus pour vous, mais pour moi. Mais vous verrai-je? Voilà tout mon souci. Ma vie est si déplorablement entravée que mes rêves s'évanouissent à mesure qu'ils se forment. C'est au mois de juin que je voulais partir pour les Pyrénées ; ce mois approche et je ne vois devant moi que des incertitudes et des nuages (1).

Aujourd'hui, le temps est magnifique ; tout est en fleurs dans ma solitude parisienne ; le rossignol chante ; je voudrais déjà partir, et il n'y a aucun doute que, si j'étais libre, je me mettrais en route ce soir.

Pourtant, je ne veux pas encore me désespérer ; tout ce qui m'arrive est si brusque et si inattendu que ma destinée change dans une heure. Je compte sur l'inconstance de la fortune comme d'autres sur la constance de ses faveurs. Il faut que je vous remercie : j'ai reçu une annonce de mariage de Toulouse : ce n'est pas vous qui vous mariez et, si je ne me trompe, l'adresse était de votre main. Est-ce vrai?

Votre vieil ami se met à vos pieds : il se don-

(1) Après avoir offert un ministère à Chateaubriand, on avait pensé à lui confier l'éducation du jeune duc de Bordeaux, et l'on commençait à songer pour lui à l'ambassade de Rome.

nera les airs de vous aimer comme un jeune homme jusqu'à ce que vous l'ayez rencontré dans la saison des malades, des paralytiques et des morts.

XIV

(Pour remettre à Mlle Adèle de...)

Paris, ce 15 mai 1828.

Voilà six jours que j'ai votre lettre et je n'y ai point encore répondu. J'ai été assassiné de travail pour mes malheureux volumes que Ladvocat est venu m'arracher (1). Encore même aujourd'hui je ne puis vous écrire que quelques mots ; mais je prendrai ma revanche dans deux ou trois jours. Je suis aussi dans une crise de ma fantasque destinée : il s'agit de mille choses pour moi et je ne désire rien que d'aller aux Pyrénées chercher le bras de Léontine. J'espère qu'enfin mes derniers jours seront à moi et je voudrais qu'ils fussent quelque chose pour vous. A bientôt ; il faut vous quitter aujourd'hui.

(1) Voir, plus haut, la lettre du 8 mars.

XV

(Pour remettre à Mlle Adèle de...)

Paris, ce 28 mai 1828.

Léontine s'excuse si bien qu'il est impossible de la gronder ; mais je n'ai pas le cœur aujourd'hui aux anciennes querelles. Je suis nommé ambassadeur à Rome ! Ainsi, voilà tous nos beaux projets réduits en fumée, ma vie changée de nouveau et ma destinée s'accomplissant de point en point. Je ne sais pas si Léontine sera plus forte que moi, si elle m'aime assez pour être troublée ; moi je suis tout bouleversé et refuse de me rattacher à l'avenir. Pourtant, il faut le dire, cet avenir, si mobile pour moi, aurait de quoi me laisser des espérances. J'ai été quatre mois ambassadeur à Berlin, cinq mois à Londres : combien le serai-je à Rome? Peut-être huit jours. Je reviendrai certainement au moins en congé pour les sessions, et ne serai-je pas alors même plus libre de voir Léontine? Cette année, la grande visite de cour (1) que recevront les Pyrénées ne m'aurait-elle pas empêché d'entreprendre moi-même ce voyage? Je me dis toutes ces choses, mais elles ne me consolent pas et je sens que je puis mourir sans voir jamais Léontine.

Est-ce un bien, est-ce un mal? Dieu le sait. Pour vous, mon amie inconnue, c'est un bien, car ma destinée ne vaut rien à personne. Que deviendra et que fera Léontine? Se mariera-t-elle? Pensera-t-elle à moi? M'attendra-t-elle aux eaux l'année prochaine? Aurait-elle une chance de voir l'Italie? Quel bonheur de lui faire les honneurs des ruines de Rome! Je ne me sens pas le courage d'écrire plus longuement; il me faut maintenant une lettre de Léontine pour bien débrouiller à mes yeux ma propre situation de cœur et savoir ce que je dois espérer ou craindre de l'avenir.

(1) La duchesse de Berry venait de décider qu'elle irait prendre les eaux à Saint-Sauveur, près de Tarbes.

XVI

(Pour remettre à Mlle Adèle de...)

Paris, ce 14 juin 1828 (1).

Je suis persuadé que vous m'avez déjà calomnié, vous avez compté les jours et vous avez dit : « Le voilà déjà qui ne pense plus à Léontine, qui ne lui écrit plus ! » Vous aurez dit cela, n'est-ce pas ? Il m'a fallu, pendant une quinzaine de jours, dévorer l'ennui des affaires et d'un changement de position (2), écrire plus de cent cinquante lettres, etc... pour arriver au moment où, dégagé de ces premières entraves, je pourrai causer avec vous librement. C'est fait et je reviens à vous, que je n'avais pas quittée.

----

(1) La veille, Chateaubriand a écrit à Mme de Vichet ; de même qu'à Mlle de Villeneuve, il ne lui avait plus écrit depuis le 28 mai.

(2) « Il m'a fallu franchir les premiers moments d'une position nouvelle et répondre à plus de cent lettres de demandes ou de compliments. Ma main est si fatiguée que je puis à peine écrire. » (A Mme de Vichet, le 13 juin.)

Vous demandez si vous me verrez jamais? C'est moi qui me fais plus justement cette question par rapport à vous. A votre âge, on a du temps devant soi; on est toujours à peu près sûr de voir ce qu'on est décidé à voir; mais, au mien, peut-on se promettre quelque chose? Dispose-t-on d'une heure? Et pourtant, plus hardi que vous, moi je sens que je vous verrai. Vous avez beau calculer que vous ne pourrez pas venir à Paris dans le cours de la session prochaine, que vous n'irez pas aux Pyrénées, moi j'irai vous trouver. Tout mon embarras est de vivre : je suis certain du reste.

Je ne conseillerai jamais à d'autres qu'à vous de se marier. Mon choix est singulier sans doute ; vous vous l'expliquerez comme vous voudrez. Votre ami, ou l'ami de votre père est bien rigide : c'est moi qui aurais le droit d'être jaloux. Ah ! si je vous voyais pour la première fois sur les ruines de Rome ! Si vous veniez parer de votre âge le vieil ami et les vieilles ruines ! Ce serait trop de bonheur.

Mais moi, irai-je à Rome? Il est très possible encore que je ne parte pas : ma destinée est si quinteuse et les événements en France vont si vite ! Dans tous les cas, je ne puis guère me mettre en route avant le mois de septembre. Ainsi nous avons encore le temps de nous écrire ;

vous m'apprendrez toutes les conquêtes que vous aurez faites aux eaux. Ne m'oubliez pas, moi, pauvre songe que vous faites et qui peut s'évanouir à votre réveil !

N'allez pas vous aviser de me donner du monseigneur dans vos adresses. Je déteste le faste ; écrivez-moi : à M. le vicomte de..., ambassadeur de France à Rome.

Mais ne m'écrivez comme cela que quand je serai parti. J'attends une lettre de vous ; je crains pourtant qu'elle n'arrive avant que vous n'ayez reçu celle-ci ; car vous me gronderez et je suis tout épouvanté quand Léontine me gronde.

XVII

(Pour remettre à Mlle Adèle de...)

Paris, 28 juin 1828.

Vous êtes une personne qui voulez être obéie. Cela me charme et cette jeune inconnue, qui me fait écrire quand elle veut, m'amuse et me plaît peut-être trop. Il faut donc que je vous écrive tout de suite, avant que vous partiez pour les eaux. Allons, soit ! Et puis, il faut vous dire pourquoi je veux que vous preniez un mari. Je n'en sais rien, je vous assure ; c'est apparemment chez moi. de la probité ; car si je suis jaloux, je ne dois pas vouloir que vous épousiez personne, et si je ne suis pas jaloux, je ne vous aime donc pas. Or, je sens que je vous aime. Expliquez tout cela, si vous le pouvez. Je vous ai dit du mal de moi et j'ai eu raison ; et pourtant, quand vous me menacez d'aimer votre futur mari passionnément, la peur me prend ; tout cela est bien étrange.

Nous verrons si vous serez aussi solitaire à Saint-Sauveur que vous le dites. D'abord, vous y trouverez une partie de la cour et tout le bruit qu'elle fait. C'est moi qui, un jour, j'en suis sûr, vous trouverai dans quelque lieu désert ; il faudra bien alors que nous nous expliquions et que nous voyions si nous pouvons nous aimer face à face ; mes rhumatismes et mes cheveux gris me promettent un terrible succès. L'année prochaine vous serez encore trente fois trop jeune pour moi ; et, pourtant, je vous verrai l'année prochaine, si même je ne vous vois cette année. Ma destinée est toujours en l'air. Je ne puis partir pour Rome avant le mois de septembre ; et qui sait ce qui arrivera ?

Je vais attendre votre réponse ; après quoi,

j'écrirai à Léontine de Ville..., à Saint-Sauveur. Cette adresse a quelque chose de solennel qui m'impose déjà et qui me fait croire que vous n'êtes plus cette créature mystérieuse avec laquelle je m'entretenais. Restez toujours pour moi Léontine.

XVIII

(A Mlle Léontine de Villeneuve, à Saint-Sauveur, par Tarbes, Hautes-Pyrénées.)

Paris, le 14 juillet 1828.

Allons ! Cette lettre vous trouvera aux eaux, menant au bal votre tristesse ! J'approuve fort cette résolution de Léontine ; elle est de son âge et si ma jeune amie m'oublie en dansant, peut-être se souviendra-t-elle de moi en rentrant chez elle. Je me contente des heures de sa solitude. Je ne veux plus disputer avec elle sur le vilain chapitre du mariage ; il en arrivera ce que Dieu voudra. J'ai été raisonnable trop longtemps et je cesse de me faire prédicateur.

J'ignore encore le moment de mon départ ; si quelque chose changeait encore ma destinée, cela devrait se décider vite, car le temps n'attend pas, les jours s'écoulent et il faudra bien se mettre en route au mois de septembre. Mais, dans ce cas, je reviendrai, je verrai Léontine : qu'est-ce pour elle qu'un printemps de plus?

Tandis qu'elle se réjouit dans de fraîches montagnes, moi, je suis plongé dans une ennuyeuse politique, enfermé dans une Chambre des pairs où j'étouffe, où je peste, où je crie au lieu de promener mes rhumatismes dans une belle vallée, à l'aide du bras de ma charmante inconnue.

J'espère qu'elle va m'écrire pour me consoler ; elle me dira combien elle a fait de conquêtes, combien de fois elle m'a trahi en pensée, en souffrant autour d'elle tous les jeunes voyageurs que je vois d'ici et que je voudrais chasser. Me voilà jaloux, et je ne sais comment j'ai eu la folie de vous conseiller un mari, à moins que cela ne soit pour l'étrangler (1).

Léontine, je vous somme de me dire que vous m'aimez : cela me paraîtra plus sûr du milieu du monde que du fond de votre ermitage. On s'amuse d'une tête grise quand on n'a rien de

(1) « ... Alors, tous les tourments de l'enfer entreraient dans mon âme, et je ne pourrais les apaiser que par des crimes. » (*Amour et Vieillesse.*)

mieux à faire ; mais on aime mieux de beaux jeunes noirs cheveux quand on les rencontre. Écrivez-moi et dites-moi bien exactement tout ce que vous faites.

XIX

(A Mlle Léontine de Villeneuve, à Saint-Sauveur, par Tarbes, Hautes-Pyrénées.)

Paris, ce 29 juillet 1828.

Vous fuyez les fêtes de Toulouse pour m'attendre et elles vont vous chercher à Saint-Sauveur. Cette année, je ne suis plus libre ; chaque jour est occupé par les préparatifs de mon triste départ et Léontine est obligée en conscience et en honneur de m'être fidèle pendant un an. C'est bien long, n'est-ce pas? Si vous alliez *m'oublier*, si vous alliez *ne plus me lire?* C'est ce qui m'arrivera sans doute ; et moi, je ne vous oublierai pas et je relirai vos lettres. De *jeunes bras* vous attendent dans le ciel (1) ! Moi, je

(1) Mlle de Villeneuve avait fait de nouveau allusion à la mort récente de sa sœur Octavie.

n'ai qu'un vieux bras à vous offrir sur la terre et il a sollicité l'appui du vôtre.

Vous vivrez longtemps heureuse. La passion pour l'*inconnu* ne vous mettra à l'abri d'aucune autre passion. Croyez-moi, c'est là un mauvais refuge. Si vous alliez être *malheureuse* avec cette passion ! Je ne puis vous le dire ; vous ne saurez ce qu'elle est, ni moi non plus — un jeu de votre imagination, une occupation de quelques heures ; ce n'est ni de l'amitié, ni de l'amour.

Vous vous obstinez à ne vouloir pas être jolie ; enfin, vous me tournez la tête avec je ne sais quoi qui n'est rien et, vieux radoteur, je vous écris de longues lettres de galanterie, à vous, femme, ombre, sylphe, vaine et charmante image d'un songe.

Je vous ordonne de m'écrire très exactement tout ce qui se passe en vous et hors de vous. J'ai envie de prendre le rôle d'un vieux oncle (j'allais dire mari) jaloux et grognon. Au moins, comme cela, je serai pour vous quelque chose de réel. Mais dépêchez-vous à m'écrire. Le temps de mon départ s'approche. Le 1ᵉʳ septembre, je serai en route pour l'Italie !

Ne pensons pas à cela. Je suis revenu de plus loin. Mandez-moi aussi quand vous quitterez les eaux et où il faudra vous écrire, de la route et de Rome. Conserverons-nous toujours la double adresse à Toulouse? Adieu, mes jeunes et dernières amours ; vous ne viendrez pas à Rome pour y mourir, mais, si j'y reste, pour y vivre.

XX

(A Mlle Léontine de Villeneuve, aux eaux de Saint-Sauveur, par Tarbes, Hautes-Pyrénées.)

Paris, ce 18 août 1828.

Vous me dites, dans votre dernière lettre des eaux de Saint-Sauveur, de soigner ma santé ; et je dicte du fond de mon lit ce peu de mots qui prouvent que vous aviez un pressentiment de ce qui devait m'arriver. Je ne suis pas bien malade, mais bien souffrant de mes rhumatismes que vous deviez guérir. J'espère vous écrire moi-même dans quelques jours ou à Saint-Sauveur ou à votre double adresse à Toulouse. Je serai toujours obligé de partir pour Rome dans les dix premiers jours du mois prochain. Soyez assez bonne pour continuer de m'écrire à Paris.

XXI

(A Mlle de Villeneuve, aux eaux de Saint-Sauveur, par Tarbes, Hautes-Pyrénées.)

Paris, 27 août 1828.

Je veux vous écrire de ma main deux mots que vous recevrez encore à Saint-Sauveur (1). J'ai relu votre charmante lettre ; je la mets

(1) De cette « saison » d'eaux à Saint-Sauveur, en 1828, ma grand'mère avait gardé un certain nombre de souvenirs pittoresques qu'elle se plaisait à évoquer. Elle parlait souvent des exemples de simplicité donnés alors par la cour et bien nécessaires à cette époque où les fortunes, très diminuées par la Révolution, se reconstituaient avec peine. Elle me dit avoir vu dans un bal la duchesse de Berry vêtue d'une robe de mousseline blanche festonnée de coton rouge.

Dans ce temps-là (cela a été modifié depuis), les eaux coulaient directement de la source dans les bains ; parfois, de petites couleuvres inoffensives, entraînées par le courant, arrivaient jusque dans les baignoires. Un jour, la duchesse de Berry en vit une se glisser dans son bain. Terrifiée, la princesse se sauva dans la cour de l'établissement thermal, où se trouvait beaucoup de monde, oubliant complètement qu'elle était dépourvue de tout vêtement...

Si grand était alors le respect pour tout ce qui touchait à la famille royale que personne ne fut tenté de rire. L'événement resta pourtant dans les traditions de Saint-Sauveur et me fut confirmé par de vieilles baigneuses cinquante ans plus tard. (S. R.)

avec les autres et je l'emporterai avec moi. Je partirai de Paris pour l'Italie le 7 de septembre, c'est-à-dire le jour même où vous reviendrez à Toulouse. Vous y trouverez une lettre de moi à la double adresse.

Je suis mieux ; mais j'ai encore la tête bien faible et les lignes vacillent devant mes yeux. C'est pourquoi je suis obligé de cesser d'écrire. Je baise respectueusement la main de Léontine. C'est la formule italienne.

XXII

(A Mlle Léontine de Villeneuve, aux eaux de Saint-Sauveur, par Tarbes, Hautes-Pyrénées.)

2 septembre 1828.

Encore deux mots adressés à Saint-Sauveur pour vous dire que j'ai reçu votre lettre du 24 août. J'aime pour toujours Léontine. Maintenant, je ne lui écrirai plus qu'à Toulouse, la veille de mon départ de Paris, qui aura lieu du 8 au 10 de ce mois. Ma lettre d'adieu arrivera donc à Toulouse le 13 ou le 14 ; et, alors, j'espère que vous y serez. Je vous écrirai ensuite de Lausanne et de Milan, et enfin, de Rome, où j'arriverai vers le 10 d'octobre.

Ne m'écrivez pas sur la route, où vos lettres me manqueraient ; mais, quand vous serez à Toulouse, écrivez-moi directement à Rome. Il faut affranchir les lettres et elles mettent douze jours à arriver.

Souvenez-vous aussi que toutes les lettres sont lues trois ou quatre fois, une fois en France, une fois en Piémont, une fois à Milan et une fois dans l'État du Saint-Père. Peut-être vaudra-t-il mieux que je vous donne, avant de partir, une adresse à Paris, où vous m'enverrez vos lettres sous enveloppe : on me les fera passer par le courrier des Affaires étrangères Cela sera plus long, mais plus sûr.

Ceci, comme vous le voyez, est une lettre d'*affaires*. Je suis mieux, quoique encore bien souffrant. Aimez-moi toujours et je serai guéri.

XXIII

Paris, ce samedi 13 septembre.

Je pars demain matin et encore si souffrant que je ne puis faire et dire comme je le voudrais mes adieux à Léontine. Je vais attendre ses lettres. Je lui ai écrit encore aux eaux ; j'espère qu'elle aura reçu ce dernier billet.

Voici la manière de m'écrire. Adresser les lettres sous enveloppe à M. Henry Hildibrand, rue d'Enfer, n° 84, à Paris, et, en dedans, l'adresse à mon nom à Rome. Moi, j'enverrai les lettres pour vous à cet homme d'affaires qui va garder ma petite maison pendant mon absence ; et il les mettra à la poste à Paris. Ainsi, Léontine et moi, nous aurons une double adresse.

J'ai le cœur bien serré, pourtant ; ne me semble-t-il pas, en quittant Léontine, que je quitte une personne présente, une personne que je connais, que j'aime, que j'ai pressée sur mon cœur? Et pourtant, il n'est rien de tout cela. Je ne m'éloigne que d'un songe charmant. Qu'importe s'il a pour moi l'effet d'une réalité !

Je crois vous l'avoir mandé : je n'arriverai guère à Rome avant le 15 du mois prochain. Je vous écrirai de la route. A bientôt ! A l'année prochaine ! Je ne veux pas mourir sans avoir vu Léontine.

XXIV

(Pour remettre à Mlle Adèle de...)

Brigg, au pied du Simplon, jeudi 25 septembre.

Je ne puis franchir les Alpes sans tenir parole à Léontine (1). Je lui ai promis de lui donner des nouvelles de la route. Demain, à pareille heure, je serai en Italie. Léontine voit que le temps et l'éloignement n'ont aucune puissance sur moi. Je lui écrirai de Rome où j'attends, bientôt, une lettre d'elle.

CH.

(1) Le 21 septembre, il avait écrit de Lausanne à **M.** Le Moine : « ... La grande affaire est maintenant le Simplon ; nous le passerons le 25 ou le 26... » Le 29, il écrivait de Milan à **Mme** de Vichet : « Je veux vous prouver que la distance ne fait rien à mes sentiments. Je mets ce petit mot à la poste pour vous, en traversant l'Italie... Adieu, je vous écrirai de Rome. » Il arriva à Rome le 9 octobre.

XXV

(*Pour remettre à Mlle Adèle de...*)

Rome, ce 11 octobre.

Je trouve, en arrivant à Rome, votre charmante lettre du 10 septembre. Elle me console de toute la tristesse que j'ai ressentie en arrivant dans une terre étrangère, où j'avais laissé tant de douloureux souvenirs et où mes yeux vieillis ne retrouvent plus les enchantements du climat et des ruines (1). Athènes a tué Rome pour moi (2). Dans le premier mouvement de mes affaires, je ne puis vous écrire qu'un mot.

Léontine veut que je lui dise que je l'aime.

(1) Cette impression de tristesse et de désenchantement qui envahit d'abord Chateaubriand à son arrivée à Rome se trouve exprimée dans ses *Mémoires* et dans toutes ses lettres. « ... A mon arrivée dans la Ville Éternelle, je sens une certaine déplaisance, et je crois un moment que tout est changé... » (*Mémoires*.) « ... Ma femme est souffrante. Moi, je suis fort triste et fort dégoûté de toutes mes grandeurs... » (Lettre du 11 octobre à M. Le Moine.) « ... Me voilà à Rome, *qui ne m'a rien fait.* » (Le même jour à Mme de Vichet.)

(2) Il n'avait pas revu Rome depuis le mois de janvier 1804. Depuis, il avait accompli son voyage en Grèce et en Orient.

Oui, et de toute mon âme ! Mais, en même temps, comment pourrais-je lui dire de ne pas se marier ? Puis-je prendre sur moi toute sa destinée et me faire un jeu d'un avenir qui, à mon âge, sera si court pour moi et, à son âge, si long pour elle ? Je veux mettre ma *responsabilité à l'abri*. Après cela, Léontine fera ce qu'elle voudra ; et tout ce qui la laissera libre m'empêchera de mourir de jalousie.

Quand reverrai-je la France et quand verrai-je Léontine, que je n'ai jamais vue ?

XXVI

(Pour remettre à Mlle Adèle de...)

Rome, ce 1er novembre 1828.

Je ne reçois point de lettre de Léontine : je ne sais pourquoi. Je pense que, pourtant, elle ne m'oublie pas. Je lui ai écrit en arrivant. Rome continue toujours à m'attrister ; je mesure mes années à l'échelle des ruines que j'ai sous les yeux. Je compte le temps qui s'est écoulé depuis ces jours d'espérance où le spectacle d'un monde détruit n'était qu'une espèce de contraste attendrissant et doux avec les joies de ma vie. Ma mélancolie (1) d'alors était encore un bonheur ; aujourd'hui, tous les débris m'annoncent ma chute prochaine ; et quand mon inconnue Léontine se charge d'animer et d'embellir ce qui me reste d'existence, combien de jours, de minutes, de secondes durerait le charme?

Ce que j'ai à faire désormais, c'est de savoir m'ensevelir dans ma solitude à Paris (2), d'y recevoir de bonnes et longues lettres de Léontine, d'aller la voir en allant aux eaux l'année prochaine et goûter à la fois, auprès d'elle, le plaisir d'un premier entretien et la douleur d'un dernier adieu. Trouverai-je Léontine mariée?

Écrivez-moi ; il faut au moins un mois pour envoyer une lettre et pour en avoir la réponse. La distance est pourtant assez courte ; mais les courriers n'arrivent pas directement.

(1) Mélancolie seulement?... Et pourtant, c'est alors, en novembre 1803, à Rome, que Pauline de Beaumont était morte « dans ses bras ».

(2) Même vœu exprimé dans les lettres à M. Le Moine et à Mme de Vichet : « Il est plus que temps que je rentre dans ma solitude pour ne plus en sortir... » (Lettre du 15 novembre.)

XXVII

(Pour remettre à Mlle Adèle de...)

Rome, ce 11 novembre 1828.

Allons, je suis fort content de Léontine ; elle me traite en voyageur ; elle m'envoie un petit journal du 25 septembre au 13 octobre (1). Il est vrai qu'elle a eu bien de la peine à remplir quatre pages dans dix-huit jours ; mais qu'importe ! Elle me fait de grandes déclarations qui m'enchantent. Si on lit ses lettres à la poste, comme on ne devinera pas qu'une jeune femme fait toutes ces coquetteries à un vieux bonhomme qu'elle n'a jamais vu, cela me donnera un certain air de conquête auprès des estimables *décacheteurs* des cabinets noirs.

Je veux maintenant rassurer ma jeune inconnue sur le grand malheur qu'elle a eu d'inspirer une vraie passion, avec ses yeux que je tiens pour être les plus beaux du monde.

(1) Mme de Vichet eut la même idée : « ...Votre petit journal du 23 au 28 octobre m'est parvenu... » (Lettre du 20 novembre.)

D'abord, cette passion est-elle vraie? Si elle est vraie, je plains celui que Léontine n'aurait pas voulu écouter. Sur ce point, Léontine me semble trop prude ; mais faut-il faire un mariage d'inclination? Je ne le pense pas, puisque tous les mariages de cette nature finissent mal. Voici pourquoi :

— Si on épousait une femme jeune et charmante après une longue épreuve, une connaissance approfondie de son caractère et une tendresse jamais démentie, les mariages d'inclination de cette sorte seraient les seuls bons mariages, les mariages heureux. Mais qu'est-ce qu'un mariage d'inclination comme on l'entend? Un jeune homme voit une jeune femme et il en devient sur-le-champ amoureux ; la jeune femme se monte la tête. Vite, à l'autel ! Ils ne peuvent vivre l'un sans l'autre. Puis, quelques mois ne se sont pas écoulés que l'enchantement disparaît ; et l'on est lié pour toujours.

Supposons que le jeune homme amoureux *d'inclination* puisse obtenir de la jeune femme tout ce qu'il désire, quand il la voit, sans avoir recours au mariage. N'est-il pas clair qu'il le préférerait? Il ne s'est donc marié que pour obtenir un bonheur qu'il n'a pu obtenir autrement ; et quand les défauts, les antipathies de caractère viennent à se montrer, il se trouve que le jeune homme a pour femme et la jeune femme pour mari celle et celui qui auraient à peine pu porter l'un avec l'autre des liens d'un jour de durée.

Voilà, Léontine, un grand commentaire sur votre apitoyement et les mariages d'inclination. J'aurais bien de la peine à vous pardonner, en enrageant, un mariage raisonnable. Mais si vous vous avisez d'aimer quelqu'un et de l'épouser, ma tête grise se présentera à vous la nuit, comme la tête de Méduse, et je partirai avec tous mes rhumatismes pour vous étrangler.

XXVIII

Rome, ce 20 novembre 1828.

Vous êtes une gracieuse personne : vous voulez prier saint Pierre pour moi, me donner au Capitole la couronne du Tasse. Vous racontez les avantages de la vieillesse mieux que Cicéron et vous me consolez mieux que lui. Vive ma chevelure grise, puisque vous l'aimez ! Vous ne voulez pas que je vous parle de mariage et vous m'en parlez toujours : pour ma *conscience*, mariez-vous ; pour mon *amour*, ne vous mariez jamais.

Pour la première fois, je veux être galant avec vous et vous demander la permission de baiser respectueusement le gant que vous ne voudrez plus porter. Vous voulez un terme fixe, un rendez-vous assuré. Vous avez raison : je vous assigne donc au mois de juillet prochain à Saint-Sauveur ; j'y serai. Il se peut faire aussi que je vous voie plus tôt, en revenant de Rome et en passant par le midi de la France. Je vous ai écrit, il y a deux postes, le 11 de ce mois.

Bonjour, ma belle Léontine, mon sylphe, ma charmante inconnue. Aimez-moi et écrivez-moi.

Cependant, à Hauterive, Mlle de Villeneuve venait de lire le tome XXII des *Œuvres complètes*, récemment paru, qui contenait les « Poèmes divers », inédits jusqu'alors, de Chateaubriand. Son attention s'arrêta, en particulier, sur l'élégie suivante :

A LYDIE

IMITATION D'ALCÉE, POÈTE GREC

Londres, 1797.

Lydie, es-tu sincère? excuse mes alarmes!
Tu t'embellis en accroissant mes feux;
Et le même moment qui t'apporte des charmes
Ride mon front et blanchit mes cheveux.

Au matin de tes ans, de la foule chérie,
*   Tout est pour toi joie, espérance, amour;*
Et moi, vieux voyageur, sur la route fleurie,
*   Je marche seul, et vois finir le jour.*

. . . .

Tout à la fois honteux et fier de ton caprice,
* . Sans croire en toi, je m'en laisse enivrer.*
J'adore tes attraits, mais je me rends justice :
*   Je sens l'amour et ne puis l'inspirer.*

Par quel enchantement ai-je pu te séduire?
*   N'aurais-tu point dans mon dernier soleil*
Cherché l'astre de feu qui sur moi semblait luire
*   Quand de Sapho je chantais le réveil?*

. . . .

Je n'ai point le talent qu'on encense au Parnasse
*   Eussé-je un temple au sommet d'Hélicon,*
Le talent ne rend point ce que le temps efface;
*   La gloire, hélas! ne rajeunit qu'un nom.*

. . . .

Que m'importe de vivre au delà de ma vie?
*   Qu'importe un nom par la mort publié?*
Pour moi-même un moment aime-moi, ma Lydie,
*   Et que je sois à jamais oublié.*

Ces vers ne s'appliquaient-ils point merveilleusement
aux platoniques discussions de Chateaubriand et de son
Occitanienne? Léontine protesta contre la triste déplora-
tion qu'ils exprimaient. Elle ne se souciait point de l'âge
du « vieux voyageur »; elle l'aimait, et pour sa gloire

et « pour lui-même » ; l'aimer toute sa vie, elle protestait que c'était désormais « son idée fixe »...

Qu'aurait-elle pensé, qu'aurait-elle dit, si elle avait su que le poème « A Lydie » n'avait point été écrit à Londres, en 1797, mais à Paris, en 1823 ; qu'alors, sous le nom de « Délie », il célébrait Mme de Castellane, l'une des plus ardentes amoureuses du grand homme ; et que, pour l'insérer dans ses *Œuvres complètes*, celui-ci en avait supprimé un grand nombre de vers mélancoliques et voluptueux ?...

C'est aux allusions à ces strophes, dont Léontine emplissait alors sa correspondance, que Chateaubriand répondit dans les trois lettres suivantes.

XXIX

(Pour remettre à Mlle Adèle de...)

Rome, ce 30 décembre 1828.

Trois lettres à la fois de Léontine, une du 20 novembre, une autre du 4 décembre et la troisième du 8 : toutes trois charmantes. Je ne sais laquelle j'aime le mieux, si ce n'est la première. Léontine a l'air de m'aimer dans celle-là un peu plus que dans les deux autres. Eh bien ! puisque vous me donnez une année, je jure que je vous verrai avant que vous cessiez d'avoir votre idée fixe.

Gardez-la donc bien jusqu'au moment où j'irai vous désenchanter. Je serai moi-même mon mauvais génie, et, quand j'aurai usé de la permission que vous me donnez, quand j'aurai baisé votre main, vous vous réveillerez de votre songe et vous me verrez tel que je suis. S'il en arrivait autrement? Oh ! alors, je vous dirais comme à cette Lydie, en changeant la date :

Par quel enchantement ai-je pu te séduire?

Je ferai des vers pour vous dans cette Rome solitaire. J'écrirai votre nom sur des ruines. Ne désirez pas que le mien l'accompagne : il porte malheur. Ce nom de Léontine, gravé si profondément dans mon cœur et dans ma mémoire, n'est-il pas déjà confié à des débris? Je ne suis plus rien qu'un vieux monument qui tombe : me voilà revenu à mon idée fixe.

Que mon sylphe ne soit pas jaloux : ses ailes brillantes n'auront pas besoin de se salir dans ma vilaine encre. Je n'écris de tendresses qu'à mon inconnue. Je voudrais avoir son portrait. Voilà l'année qui expire; celle qui va naître me conduira aux pieds de Léontine : je serai au plus tard en France à Pâques; et puis, j'irai aux eaux des Pyrénées. Ces jours, dont je devrais être si avare, je les appelle sur ma tête; tout s'éclaircira alors : je saurai ce que j'ai pour cette femme que je n'ai jamais vue ; je saurai ce qu'elle a pour moi. De tous les souhaits qu'elle me fait, il n'y en a qu'un seul que je repousse : je ne veux pas être son père (1).

XXX

(Pour remettre à Mlle Léontine de...)

Rome, 18 février 1829.

Et moi aussi, j'ai attendu vos lettres. En voici enfin une du 18 janvier, et une lettre qui me tourne la tête. Ce mot que vous prononcez et que vous ne comprenez pas, ce mot qui n'est plus de mon âge, nous en parlerons, quand je vous verrai, cette année ; car je vous verrai.

Alors, si je détruis tout par ma présence, vous ne m'écrirez plus, je ne serai plus l'objet inconnu de vos rêves, je ne vous écrirai plus à mon tour ; mais je relirai les lettres que vous m'écriviez quand vous m'aimiez comme l'ou-

(1) On trouve l'écho direct de ce sentiment dans les pages conservées à la Bibliothèque nationale : « ... Si tu me dis que tu m'aimeras comme un père, tu me feras horreur ; si tu prétends m'aimer comme un amant, je ne te croirai pas. » (*Amour et Vieillesse.*)

vrage de votre imagination, quand vous m'animiez de votre jeunesse et de votre vie.

Savez-vous que, si vous continuez à me dire tout ce que vous me dites, je serai tenté de vous enlever, de vous emporter avec moi en Italie? Mais comment remplir le souhait adressé à cette Délie (1) que vous citez? *Comment m'aimer un moment pour moi-même?* Vous chargerez-vous de cela, quoi que je dise et quoi que je fasse? Songez-y bien. Vous ne savez pas à quoi vous vous engagez.

La mort presque subite du pape (2) me retiendra ici un peu plus que je ne le comptais; je ne serai libre qu'un mois après Pâques. Tout cela me mène aux eaux pour vous voir. Comme je vous l'ai déjà dit, si vous n'êtes pas aux eaux cette année, vous serez quelque part. N'importe; je vous chercherai et je vous verrai. Soyez tranquille; eussé-je mille couronnes à espérer, je les mettrai toutes à vos pieds.

(1) Chateaubriand oublie que la pièce écrite en 1823 pour la Délie, qui était Mme de Castellane, il l'a dédiée, en l'imprimant, à une toute fictive Lydie.

(2) Le pape Léon XII. Chateaubriand a écrit le 12 février à M. Le Moine : « ... Ma dépêche télégraphique vous aura appris la mort de cet excellent pape dont j'avais gagné toute la confiance. Me voici à présent dans les embarras d'un Conclave... » Et la veille, 17 février, à Mme de Vichet : « ... Mais voyez une preuve de cette fatalité qui s'attache à mes pas : Léon XII m'aimait; j'avais gagné toute sa confiance, et ma présence l'a fait mourir... » Toujours l'homme fatal !...

Vous vouliez une réponse avant quinze jours ; cela n'a pas été possible : votre lettre est arrivée trop tard. Je vous porterai des bracelets pour vous remercier de ceux que vous avez inventés.

Écrivez-moi souvent de ces tendres lettres. J'aime ma Léontine comme une de ces fleurs (1) qui font la parure et la consolation de l'hiver. J'ôte le gant que j'avais demandé la permission de baiser respectueusement.

XXX.

(Pour remettre à Mlle Adèle de...)

Rome, ce 17 mars 1829.

Je voudrais bien faire imprimer vos lettres et surtout cette lettre du 20 février où vous déclarez si franchement m'avoir oublié. Oubliez-moi toujours comme cela, je vous en supplie ; et puis, quand une lettre de moi (que vous

---

(1) Il est intéressant de rapprocher cette phrase de celle-ci qui se trouve dans les *Mémoires* : « J'ai laissé s'effacer l'impression fugitive de ma Clémence Isaure ; la brise de la montagne a bientôt emporté ce caprice d'une fleur. » (S. R.).

avez déjà reçue) sera venue vous apprendre l'injustice de vos reproches, vous serez obligée de m'écrire la lettre que je recevrai peut-être demain, dans laquelle vous confesserez tous vos torts et vous me déclarerez que vous m'aimez plus que jamais.

Vous voulez que je vous martyrise? Vraiment, je le crois bien. Exciter la jalousie, être grondée, presque battue, enfermée dans une tour et aimée à la folie, quelle femme peut demander mieux que cela? Mais, écoutez-moi : à moins que votre première lettre ne me fasse entière réparation, ne vous attendez pas à ma tyrannie. Je gémirai, je pleurerai, je me plaindrai tristement ; mais de jalousie point ; encore moins de mauvais traitements.

> *... Je me rendrai justice* (1) :
> *Je sens l'amour et ne puis l'inspirer.*

Vous n'avez pourtant point de honte de m'écrire une pareille lettre? Quel repentir vous avez eu quand vous avez reçu celle où je

---

(1) Chateaubriand modifie légèrement un hémistiche de son poème pour l'appliquer ici. On trouve un rappel bien curieux, et inaperçu encore, de ce vers, qui était devenu quelque temps le thème des discussions entre Chateaubriand et son amie, dans le fameux passage des *Mémoires* qui la concerne : « ... La spirituelle, déterminée et charmante « étrangère de seize ans m'a su gré *de m'être rendu justice;* elle s'est mariée... »

vous menace de vous enlever, où je baise respectueusement votre main en ôtant votre gant? Et je vous écris encore au milieu du grand événement arrivé à Rome, de la mort d'un pape que je regrette sincèrement, et de l'élection d'un autre pape !

Je quitte tout pour aimer une inconnue qui me maltraite et qui me reproche mes cheveux gris qu'elle n'a jamais vus ! Mais, vous avez beau faire, je ne laisserai plus parler ma *conscience* et je ne vous dirai jamais de vous marier, quoi que fassent les conspirations de parents et d'amoureux.

Léontine, je vous verrai ; je vous aime trop ; je suis un vieux fou. Que ne preniez-vous à la lettre tout ce que je vous ai dit de vrai sur ma vieillesse? Vous seriez mariée et moi en paix. Je ne connaîtrai le moment précis de mon retour en France qu'après la nomination du pape : je l'espère à tout moment. Elle aura vraisemblablement eu lieu avant que cette lettre soit lue de vos yeux que je crois avoir mille fois regardés.

XXXII

(Pour remettre à Mlle Adèle de...)

Rome, ce 31 mars 1829.

Allons ! vous êtes une infidèle. Vous **ne** m'aimez plus : vous allez vous marier. C'est pour un autre que je vous ai inspiré ces lettres charmantes qui avaient tourné ma pauvre vieille tête. Mes cheveux gris n'ont que ce qu'ils méritent. Vous voulez faire de moi un roi, pour vous débarrasser d'un amoureux de mon âge. Eh bien ! puisque vous m'ôtez ma première couronne, je ne veux point de l'autre. Je reprends ma *conscience;* je vous dis aussi : « Mariez-vous, ne pensez plus à moi. »

Vous avez beau me dire que vous conserverez un souvenir : je renonce à ce souvenir-là ; je ne veux point être aimé par intervalles, et quand vous aurez le temps. Si vous aviez, du moins, attendu de m'avoir vu pour me quitter ! J'aurais compris cela. J'étais à peu près sûr que vous m'auriez fui en m'apercevant. Mais m'abandonner au moment où j'étais encore l'ouvrage de votre création, où sans doute vous m'aviez fait beau et jeune en dépit des années, où je devais briller de toutes vos grâces, de tous les charmes de votre imagination, c'est être née infidèle jusque dans la moelle des os !...

Réellement, Léontine, mariez-vous, si vous croyez être heureuse. Vous ne pouvez pas sérieusement croire que vous êtes liée par un jeu de votre esprit, par une correspondance, avec un étranger passant dans ce monde, que le temps et l'espace ont également séparé de vous. Il m'en coûte plus de vous tenir ce langage qu'à vous de l'entendre. Il vous reste à vous votre jeunesse, un long avenir et tout ce qui entourera une existence qui commence. A moi, il me reste des heures flétries et ridées, un passé au lieu d'un avenir et la solitude qui se forme autour d'une existence qui finit (1).

Je m'aperçois que j'avais pris (2) au mauvais songe que vous m'aviez offert : à l'abri de mon

(1) Cette idée est l'un des thèmes repris avec un douloureux lyrisme dans les pages de la Bibliothèque nationale. (*Amour et Vieillesse.*)

(2) Prendre ou reprendre à quelque chose : expression familière à Chateaubriand, et qui semble créée par lui ; ou tout au moins empruntée à la langue populaire du jardinage. « ... J'avais éprouvé d'abord de l'ennui au début de mon second voyage à Rome... Je finis par *reprendre* aux ruines et au soleil... » (*Mémoires.*) « ... Tâchez de *prendre un peu à l'ambition* : j'en profiterai... » (A Mme de Vichet, 10 mars 1828.) Etc.

invisibilité, je faisais revivre les illusions de mes premiers jours ; j'avais remonté le cours de ma vie ; et il y avait dans le monde une personne pour laquelle j'avais vingt ans.

Je me replace dans la vérité. Léontine, il est probable que nous ne nous verrons jamais. Tout me rappelle en France ; mais je suis tenté de mourir en Italie, au milieu de toutes ces ruines qui me ressemblent : pour un voyageur comme moi, c'est être enseveli au champ d'honneur. Quoi que j'en aie dit de votre souvenir, par un reste de faiblesse, je suis tenté de vous prier de garder mon image telle que vous l'avez faite. Ici finit notre roman.

Le rendez-vous que vous m'aviez promis sur la terre, je vous le demande dans le ciel. Mais comment me reconnaîtrez-vous (1)?

(1) Il est curieux de noter que Chateaubriand a écrit cette longue lettre mélancolique en attendant le résultat du Conclave où, le soir même du 31 mars, Pie VIII allait être élu pape.

XXXIII

(Pour remettre à Mlle Léontine de...)

Rome, ce 13 mai 1829.

Que ma Léontine ne soit plus au désespoir ! Qu'elle ne fasse plus d'un jeu de son imagination le tourment de sa vie ! Qu'elle se marie, qu'elle cherche un bonheur que je ne puis lui donner ! Je veux rester pour elle un songe, mais un heureux songe. Je la tiendrai toujours pour fidèle ; je l'aimerai toujours, quelle que soit sa nouvelle destinée.

Quand elle recevra cette lettre, je serai vraisemblablement à Paris. Je ferai tout ce qui dépendra de moi pour aller aux Pyrénées en retournant en Italie, si, toutefois, je dois encore repasser les Alpes.

Je suis touché, trop profondément touché, peut-être, de l'attachement de Léontine ; et si j'avais pu deviner qu'une correspondance avec une inconnue deviendrait une chose grave, elle aurait cessé à la seconde lettre. Mais le mal, s'il y a du mal, est fait ; je reste pour vous ce que j'ai été. Disposez de moi et ne vous désolez plus. J'attends vos lettres rue d'Enfer.

XXXIV

(Pour remettre à Mlle Adèle de...)

Paris, le 6 juin 1829 (1).

Ma Léontine est donc toujours fidèle ! Il faut que j'aille la voir à Cauterets ! J'aime ce ton de commandement et elle peut compter sur mon humble obéissance. Je me propose de partir pour les Pyrénées vers la fin du mois et, de là, je reprendrai le chemin de mon exil. Léontine a-t-elle bien songé à ce que c'est que de voir l'objet de ses illusions s'évanouir en se présentant à elle? S'évanouir doublement, car je perdrai tous les prestiges dont son imagination m'a embelli, et il est probable que j'irai mourir en Italie.

(1) Ce samedi 6 juin, Chateaubriand eut la seconde de ses entrevues avec Mme de Vichet, qui le vit « aimable, doux et triste »...

Mais aussi, Léontine sera plus libre ; elle ne regrettera plus sa chimère ; elle se mariera sans peine et sans remords ; elle connaîtra ce sentiment qui *brise tout*, comme elle le dit si bien, et trop bien pour moi.

Moi, je suis persuadé que Léontine restera à mes yeux ce qu'elle est, et j'emporterai sur les ruines de Rome son image parée de toutes les grâces que je lui donne. Au lieu d'être un songe pour moi, elle sera un souvenir. Hélas ! c'est peut-être la même chose.

Oui, écrivez-moi sous une double adresse, comme je vous écris moi-même. Redoublons de mystère, au moment où tous les mystères vont finir ! Je veux me tromper jusqu'au dernier moment. Mille tendres hommages à Léontine.

XXXV

(Pour remettre à Mlle Adèle de...)

Paris, ce 23 juin 1829.

J'aime votre chant de victoire : vous triomphez ; votre volonté de femme me traîne de Rome à vos pieds. Il n'est plus d'Alpes, il ne sera bientôt plus de Pyrénées. Vous pouvez tout, Espagnole Léontine, excepté pourtant me rajeunir. Les eaux et votre bras n'y feront rien ; je ne puis m'empêcher de rire d'avance de votre surprise à la vue du magot que vous aurez sauvé des flots, en croyant sauver un homme. Moi, je suis sûr de vous reconnaître.

Vous me recommandez la discrétion? J'aime encore cela. Vous vous demandez si vous ne seriez pas à la veille des remords. Votre *demi-dieu* vous assure que non, à moins que vous ne lui soyez infidèle. Examinez bien votre conscience.

Je serai à Cauterets du 15 au 28 du mois prochain. Je vous écrirai encore une fois avant de quitter Paris. Je mets mes cheveux gris aux pieds de votre invisible et invincible puissance. La triste réalité va bientôt remplacer votre songe ; moi, je suis de l'âge où l'on radote et où l'on garde, pour se consoler, ses illusions. Si j'allais vous enlever? Qu'en pensez-vous? Nous parlerons de cela dans la montagne, avec la *fée* (1).

---

(1) Il semble que dans ses lettres, Léontine se soit comparée à une fée invisible, peut-être à celle dont parle Chateaubriand dans les *Mémoires*, quelques lignes avant le passage qui la concerne, lorsqu'il conte son arrivée en vue des Pyrénées : « Je suis de l'avis de Mme de Motteville ; je pense que c'est dans un de ces châteaux des Pyrénées qu'habitait Urgande la Déconnue... » La « Déconnue », dans le vieux langage, équivaut à « l'Invisible ».

XXXVI

(Pour remettre à Mlle Adèle de...)

Paris, 2 juillet 1829.

Je ne puis guère partir avant le 15 : ainsi, vous serez à Cauterets avant moi. Je vais donc voir mon inconnue ! Mes songes se changeront en réalités et vos illusions seront détruites.

Je fais là un mauvais marché ; mais aussi, je n'aurai rien, plus rien sur la conscience ; et je n'aurai plus de malade que le cœur. Vous vous marierez joyeusement ; et moi, je retournerai aux ruines qui appellent les miennes. Voici ma dernière lettre. Songez qu'entre cette lettre et ma présence il n'y a plus que quelques jours !

Tout à Léontine, la petite Espagnole.

Parti de Paris vers le 15 juillet, et voyageant, comme il le conte dans les *Mémoires*, à petites étapes, Chateaubriand n'arrive à Cauterets que dans les tout derniers jours du mois de juillet. Il y demeure « trois semaines », au témoignage même de Mme de Castelbajac dans ses *Confidences*. Instruit de la formation du ministère de Polignac par le *Moniteur* du 9 août, qui ne dut point l'atteindre avant le 15 ou le 16, il se décida, le 18 au soir, à donner sa démission ; après avoir eu avec « l'Occitanienne » la dernière conversation, si pathétique, dont on a lu le récit dans les *Confidences*, il quitta Cauterets le matin du 19 août pour aller coucher à Pau et regagner Paris par la route de Bordeaux.

XXXVII

(*Mlle Léontine de Villeneuve.*)

Mercredi matin (1).

Ne vous tourmentez plus : songez qu'il n'y a jamais rien de fixe et d'arrêté dans la vie. Je vous reverrai, nous nous reverrons. Je pars, aimant un million de fois plus Léontine après l'avoir vue que lorsqu'elle était invisible. Je lui écrirai de Bordeaux et puis de Paris.

(1) 19 août. Ce billet d'adieu fut griffonné à Cauterets même, par Chateaubriand, quelques instants avant que le « vieux voyageur » remontât en voiture.

XXXVIII

Bordeaux, le 22 août 1829.

Le premier volume de notre correspondance est un roman ; le second sera une histoire.

A présent, je connais Léontine et je l'aime mille fois plus que du temps de son invisibilité. Je ne veux point voir dans l'avenir — le terme en est trop rapproché de moi ! — je veux vivre des espérances. C'est une nourriture qui convient aux malades : elle ne pèse guère. Je voudrais surtout que Léontine fût heureuse : elle a de longs jours devant elle et quand, désormais, le bonheur ne devrait être plus connu de moi, que perdrais-je? Quelques vieilles heures qui ne valent pas le soin qu'elles me coûtent.

Je pars pour Paris où j'espère une lettre de vous rue d'Enfer, tout simplement à mon adresse. J'écrirai à *Adèle* pour lui dire ce que je deviens et quelle est ma destinée. *Il est écrit* qu'un moment de paix ne me sera jamais accordé dans cette vie. Il est vrai qu'après, j'aurai le temps de me reposer. Adieu, et à bientôt !

XXXIX

(Pour remettre à Mlle Adèle de...)

Paris, ce 4 septembre 1829.

J'ai reçu la lettre de Léontine trois jours après mon arrivée ici : elle me fait une bien mauvaise querelle : je l'aime passionnément ; je ne le lui dis plus, elle sait trop pourquoi. Je date ma lettre du mois de septembre (1). Lorsqu'elle m'était inconnue, je pouvais tout avouer. Je n'ai plus qu'une chose à lui dire : c'est que, loin d'avoir détruit l'ancienne Léontine, Léontine rêvée, la Léontine nouvelle, Léontine vraie, a réalisé son image. Vous êtes devenue un de ces songes charmants qu'on voudrait toujours faire, que la faveur de quelque dieu aurait fait entrer dans la vie, aurait présenté à mon réveil ; voilà la vérité.

(1) Il semble, d'après le dernier paragraphe de cette lettre, que Mlle de Villeneuve avait projeté, pour ce mois-là, quelque voyage à Rome où elle eût essayé, au moins quelques jours, de réaliser son rêve de vivre, en un couvent, près de Chateaubriand.

Cet aveu vous arrivera au moment où je ne devrai plus vous parler que comme à une femme sur laquelle je n'aurai plus le droit de lever les yeux. Mais croyez-en mes pressentiments, nous nous retrouverons un jour.

Je vous ai dit ce que je ferais en arrivant à Paris. Vous n'aurez pas été surprise d'apprendre ma retraite (1). Dans aucun cas, elle ne vous aurait étonnée ; vous savez bien que des sacrifices ne m'arrêteront jamais quand je croirai les devoir au roi, à mon honneur et à mon pays. Nous n'avons pas encore pris d'autres résolutions que de vendre ce que nous avons (2) ; cela fait, nous verrons de quel côté nous prendrons notre vol. Je sais bien où j'irais si j'étais libre de diriger ma course. Il est probable que nous passerons encore cet hiver à Paris.

Je me sens si triste que je crains de vous attrister et ma peine vient de ce mois de septembre ; quand je songe que vous m'aviez sacrifié vos beaux cheveux (3), j'ai le cœur bien malade. Allons, rappelons la raison :

(1) C'est-à-dire sa démission d'ambassadeur à Rome. « J'achevai de me déchirer les entrailles dans mon Utique... » (*Mémoires.*)

(2) Chateaubriand avait représenté fastueusement le roi à Rome, et sortait de son ambassade chargé de dettes.

(3) Allusion sans doute à une plaisanterie à propos des couvents et des dangers qui menacent les cheveux lorsqu'ils se hasardent à s'y enfermer. (*Note de l'Occitanienne.*)

qu'averti par mes années, par le temps qui m'entraîne avec rapidité et me fera bientôt disparaître, je me contente d'aimer Léontine comme aux jours de son invisibilité.

J'écrirai toujours à Adèle.

XL

(Pour remettre à Mlle Adèle de...)

Paris, ce 21 septembre 1829.

Je ne sais quel est le funeste songe que vous avez fait ; moi, je n'en fais qu'un : celui de vous revoir. Vous aimer est une vérité constante de ma vie. Je suis bien malheureux, bien découragé, bien las de ma triste existence. Au surplus, elle ne sera pas longue et, quand le terme est si près, il ne faut pas tant se désoler.

Vous allez donc changer de nom ! Changerez-vous de cœur ? Eh bien ! vous serez toujours pour moi la Léontine inconnue : au défaut de celle que j'aurai perdue, je trouverai l'autre ; celle-là me restera malgré vous. C'est mon bien ; vous ne me le pourrez ravir. Vous donnerez tout ce qui n'est pas à moi ; mais je conserverai ce que vous m'avez accordé dès le commencement de votre vie et, quoi que vous en disiez, nous nous retrouverons.

Adieu, ma Léontine, mon sylphe, ma fée invisible, mon ange de la montagne. Adieu.

XLI

(Pour remettre à Mlle Adèle de...)

Paris, ce 4 octobre 1829.

J'ai été malade ; je n'ai pu écrire à Léontine. Cette lettre ne lui arrivera que quand elle aura peut-être changé de nom. C'est du jour anniversaire de ma naissance (1), de ma fête et de mon entrée à Jérusalem, de la Saint-François, que cette lettre est datée ! Triste jour qui me trouve toujours dépouillé de quelque bien que je possédais à pareille date une année auparavant ! Une année de plus et Léontine de moins — voilà ma misère.

Que vais-je devenir ? Qu'ai-je à faire maintenant dans la vie ? Quand finira-t-elle pour moi ?

(1) Chateaubriand a toujours cru qu'il était né le 4 octobre 1768 : son acte de naissance porte la date du 4 septembre.

Je voudrais pouvoir donner à Léontine tout ce qui me reste de temps à passer sur la terre. Puisse-t-elle être heureuse, environnée, aimée ! Qu'on lui souhaite longtemps une fête digne d'elle ! Comme mon *inconnue*, mon sylphe, je lui ai voué un amour passionné ; comme Léontine *connue*, je n'ose lui offrir que le plus tendre et le plus respectueux hommage (1).

XLII

(Pour remettre à Mlle Adèle de...)

Paris, 25 octobre 1829.

Je ne puis vous faire le serment d'être infidèle à mon sylphe pour Léontine de Cauterets. J'aime aussi passionnément celle-ci ; mais je n'ose lui faire d'aveux ; et puis, quand la dame

(1) De tant de tristesse, Chateaubriand se consolait alors avec Hortense Allard qui a raconté leurs promenades en ces mois de septembre et d'octobre 1829 : « ... C'était l'automne, le temps de la tendresse et de la mélancolie... Il aimait, comme moi, la campagne et, souvent, nous faisions ensemble de grandes promenades dans Paris... Ses paroles étaient souvent mélancoliques, mais toujours aimables : si j'oubliais son âge, lui, ne l'oubliait pas ; il me parlait souvent de sa mort, et il aimait de voir mes yeux se mouiller de larmes... »

des Pyrénées va devenir une châtelaine mariée, comment aller soupirer au pied de sa tour? Après cela, ne faut-il pas encore que je fasse le serment de n'aimer personne, quand Léontine de la montagne va me quitter pour jamais? Est-ce juste? Pourtant, si elle l'exige absolument, il faudra bien lui obéir.

Je suis assez souffrant et ne puis guère écrire ; mes rhumatismes s'étaient logés dans ma tête. J'attends en tremblant le dernier mot que Léontine m'écrira avant d'être une dame de Castelbajac. Je suis toujours son vieux chevalier.

XLIII (1)

(A Mlle Léontine de Villeneuve.)

Paris, 3 novembre 1829.

J'ai reçu, Mademoiselle, votre charmante lettre et vos beaux vers. Ceux que je connais-

(1) Cette lettre était une lettre « officielle », dont les amies de Léontine avaient connaissance, comme on le peut voir dans le livre de M. Blay de Gaïx déjà cité. Coraly de Gaïx écrit, le 1er novembre, à Mme la vicomtesse de Chefdebien :

« Léontine est loin d'avoir renoncé à cultiver les muses. Elle

sais et que vous me faites l'honneur de m'adresser me semblent à présent sans aucune tache. Les vers qui remplacent les vers supprimés sont pleins de grâce et d'imagination. Je vous engagerais seulement à changer celui-ci :

Cependant son haleine a ramené l'espoir (1).

est transportée de Chateaubriand et ne jure plus que par lui. Elle lui a mandé ces jours-ci son ode et son épître avec une fort jolie lettre ; il me tarde de voir sa réponse. »

Or, l'ode et l'épître ont été conservés avec les manuscrits littéraires laissés par Mme de Castelbajac, et l'on peut s'assurer qu'aucun des passages critiqués par Chateaubriand n'a été l'objet d'une correction : tout illustre qu'il était, le « vieux professeur ès muses » critiqua, ce jour-là, dans le désert. L'ode, que Chateaubriand appelle « la Méditation sur Rome », laisse voir les influences combinées de Casimir Delavigne et de Lamartine ; l'histoire de la Ville éternelle, devenue capitale de la chrétienté, y est résumée avec une éloquence un peu tendue et quelquefois heureuse. L'épître porte ce titre : « A monsieur le vicomte de Chateaubriand. » Il est remarquable que le destinataire ne lui trouva « aucune tache ». Ne s'aperçut-il point que, dans cette épître, c'est Boileau surtout que sa jeune élève imitait?

(1) Voici tout le passage auquel Chateaubriand fait allusion

> *Faible oiseau, confiant en mes naissantes ailes,*
> *Vais-je élancer mon vol aux voûtes éternelles?*
> *Mais tandis que le tien, hâté par l'aquilon,*
> *Ose, à travers la foudre, atteindre l'Hélicon,*
> *Mon essor, arrêté par la brise légère,*
> *Craint même du zéphyr la puissance éphémère;*
> *Cependant son haleine a ramené l'espoir.*
> *Comme aux premiers beaux jours le doux souffle du soir*
> *Éveille en se jouant la harpe éolienne*
> *Et fait naître et mourir sa voix aérienne,*
> *Ainsi mon luth tremblant s'est mis à résonner;*
> *Les sons venus du ciel pourront y retourner...*

Vous trouverez mieux que cela en cherchant bien pour rendre votre idée. Les vers qui suivent : « *Comme aux premiers beaux jours*, etc... » sont d'une élégance et d'une poésie dignes de votre Muse.

La méditation sur Rome a de l'inspiration, de la grandeur. Le plan en est bien conçu ; le début est inattendu et frappant (1). Vous êtes un vrai poète et un grand poète dans les stances :

Remparts, élevez-vous...
Instants, écoulez-vous! Avancez, flots des âges... (2)

Mais il faut bien que je vous dise, avec ma sévérité ordinaire, qu'il faut resserrer et abréger toutes les stances sur l'histoire romaine. Ré-

______

(1) Voici ce début :

Il se leva le jour marqué par l'Éternel,
Jour dès longtemps écrit dans le livre immortel :
Des guerriers, des bannis au Tibre s'assemblèrent,
Les murs d'une cité par leurs mains s'élevèrent ;
Faible abri qu'en ce temps menaçait l'aquilon,
Connu des seuls pasteurs... et Rome fut son nom.

(2) « *Remparts, élevez-vous sans craindre les revers ;*
« *Romains, prenez le glaive et soumettez le monde ;*
« *Que vos pas triomphants ne s'arrêtent qu'à l'onde*
« *Qui dérobe aux humains encore un univers.*

. . . .

« *Instants, écoulez-vous ; avancez, flots des âges ;*
« *Passez devant Celui qui seul est éternel !... »*
Et la voix du Seigneur se mêlant aux orages
Dévoila les secrets que renferme le ciel...

duites à moitié, ce sera excellent. Voilà, mademoiselle, tout ce que la pédanterie d'un vieux professeur ès muses se permet de vous dire. Vous lui pardonnerez *en faveur de son âge*.

Je suis pour « refrayer » (1) et, comme vous le dites, nous le mènerons jusqu'au dictionnaire.

Je me suis si bien trouvé des eaux que je songe à revoir, l'an prochain, les Pyrénées. Je serais trop heureux, mademoiselle, de pouvoir vous y offrir de nouveau l'hommage de mon respect.

CHATEAUBRIAND.

XLIV

(Pour remettre à Mlle Adèle de...)

Paris, 12 novembre 1829.

Reprenons nos lettres par les dates. J'ai répondu à celle du 27 octobre contenant les très beaux vers de Mlle L. de V... Je réponds à celles du 27 octobre et du 6 novembre. Celle-ci

---

(1) Vieux mot qui se trouve dans Ronsard, et que Chateaubriand, comme on voit, se proposait de faire introduire dans le Dictionnaire de l'Académie.

me touche profondément. D'abord, pour courir au plus pressé de votre jalousie, votre belle rivale est une vieille amie qui remonte à vingt-neuf ans de date : c'est l'excellente et encore triste Mme Récamier, que j'aime, que je vois tous les jours, que je vous nomme effrontément et qui n'a rien à faire à mon sylphe. Maintenant, parlons de vous.

D'un mot, je pourrais donc tout briser? Mon inconnue veut déranger ma vieille cervelle; mais je tiendrai ferme. Je ne dirai pas ce mot : il faut que Léontine se marie. Si elle avait pris d'elle-même sa résolution de rester libre, j'aurais été enchanté; un couvent auprès de moi eût été un roman digne de ma vie; mais Léontine appartient à son père, à sa famille, à des devoirs qui la rendront heureuse. Et que suis-je avec le poids de mes jours, au bord de ma tombe, pour jeter les restes d'une vie qui finit sur le chemin d'une vie qui commence? Léontine a besoin d'un jeune compagnon qui puisse marcher longtemps avec elle. Qu'elle se marie donc! Je veux lui donner pour présent de noces, ou plutôt lui souhaiter tout le bonheur qui m'a manqué sur cette terre.

Vous avez bien fait de ne pas envoyer la lettre à votre amie : ne mettez jamais entre les mains de personne un secret qui n'a besoin que de vous. Dites-moi, maintenant, si je continuerai à vous écrire? Si je dois le faire toujours sous la double enveloppe? Il faut des ordres pour cela.

Bonjour, mon inconnue!

XLV

(Pour remettre à Mlle Adèle de...)

16 mai 1830.

Si vos reproches tombent sur mon silence, ils sont injustes. Pouvais-je vous écrire? Et le nom que vous signez ne faisait-il pas disparaître Adèle et Léontine? Je ne sais plus que faire de cette troisième personne que je trouve en vous. Adèle est mon inconnue, Léontine est ma solitaire des Pyrénées. Mais cette comtesse?...

Hélas! vous reverrai-je jamais? J'en doute. Je suis souffrant et accablé de travail; je ne puis quitter Paris cette année; et une année, à mon âge, n'est-ce pas un siècle? Puis-je me dire : je vous *verrai l'année prochaine?*

Je suis sans projets ; je laisse s'écouler mes derniers jours sans les disputer à Dieu. Je n'ai d'autre dessein, d'autre ardeur, que pour terminer les deux volumes (1) que je dois encore au public, et ensuite ne toucher jamais la plume que pour répondre à Léontine quand, par hasard, au bout de dix mois, elle se souviendra que je suis encore dans ce monde. Est-ce qu'elle ne viendra jamais à Paris ?

Adieu, Adèle. Adieu, Léontine. Adieu, madame. J'adore les deux premières et je respecte la dernière.

XLVI (2)

Je n'écris plus à L... parce que je ne suis plus de ce monde... Que vais-je devenir ? Quand

(1) Ces deux volumes promis, en 1827, dans la préface du tome XXII des *Œuvres complètes*, se transformèrent en *quatre*, qui parurent seulement au printemps de 1831 et formèrent les tomes IV, V, V *bis* et V *ter* de la collection. Ils contenaient les *Etudes historiques* et l'*Analyse raisonnée de l'histoire de France*.

(2) Le texte de cette lettre est de l'écriture de Mme de Castelbajac qui a indiqué en tête de la feuille, et à gauche : « *Fragment d'une lettre détruite par accident, et recopiée à peu près de mémoire...* » C'est évidemment celle dont elle parle en ces termes dans ses *Confidences* : « Un article de journal ayant annoncé faussement un voyage de M. de Chateaubriand hors de France, je voulus avoir l'explication de ce qui semblait signifier un exil

j'aurai donné au public ce que je lui dois, je déploierai mes vieilles ailes fatiguées et j'irai me cacher dans quelque trou de rocher pour y mourir.

Il y a un an encore, je vivais : mon cœur battait comme à vingt ans. Mais qu'est-ce qu'un cœur qui bat tout seul, et qu'aucune jeune main ne peut plus presser !

Mme de *** ne pourrait pas même à présent prêter son bras à mes rhumatismes : c'était bon pour *Adèle* et pour L... Les deux premières m'ont trahi.

Trahir des cheveux blancs ! Ce n'est pas bien : c'est manquer à la charité. Il ne faut rien leur promettre — ou tenir quand on leur a promis.

Où êtes-vous? Où cette lettre ira-t-elle vous chercher? Est-ce au bord de ces torrents que nous avons vus ensemble? Saluez les montagnes que je ne reverrai sans doute jamais. Dites-leur que L... est infidèle — et que je lui pardonne !...

volontaire. Je me souviens de ma lettre. Elle était affectueuse simplement et franchement. La réponse à cette lettre, ainsi que celle qui la suivit, eurent lieu de m'étonner. Un amer ressentiment semblait les avoir dictées. J'avais reçu la seconde à Cauterets... » De cette seconde lettre, « détruite par accident », on va lire seulement « un fragment ». Elle fut écrite en juillet 1830, peu de jours avant la révolution.

XLVII

(Pour remettre à Mlle Adèle de...)

Paris, 19 août 1830.

Si par hasard mon discours (1) vous est parvenu, vous avez vu que nous ne pouvons nous séparer et que nous sommes dans les rangs *des vaincus* ensemble. Je ne pardonne pas à Léontine d'avoir, cette fois, si mal jugé. Je vois qu'elle m'a moins bien compris que je ne le croyais ; c'est déjà l'effet du mariage ; elle aurait mieux deviné il y a deux ans !

Je suis au moment de quitter la France et, vraisemblablement, pour toujours. Je compte partir dans les premiers jours d'octobre. Je ne sais encore où je choisirai mon dernier exil. Je vous le manderai (2).

(1) Le magnifique discours prononcé à la Chambre des pairs le soir du 7 août 1830 ; Chateaubriand y refusait son adhésion au nouvel état de choses. Le 10 août, il se démit de ses fonctions de pair et de la pension de douze mille francs qui y était attachée ; le 12 août, il résigna son titre de ministre d'État. « Je restai nu comme un petit saint Jean. » (*Mémoires.*)

(2) Il avait écrit le 8 août à son ami Frisell : « Nous allons vrai-

Si jamais vous êtes libre, peut-être viendrez-vous voir votre vieil ami avant qu'il quitte la vie. Jouissez-en bien de cette vie ; elle passe vite et vaut peu de chose. Je m'attends à recevoir bientôt un mot de vous en réparation. Vous serez bien honteuse.

XLVIII

Paris, ce 29 avril 1832.

Un mot de vous après trois ans de silence ! Et par cet autre et dernier mot que vous m'adressâtes, il y a trois ans, vous me croyiez au milieu des *vainqueurs* quand je me plaçais volontairement à la tête des vaincus !

Comment m'aviez-vous si mal jugé ? Qu'en pensez-vous aujourd'hui ? Suis-je toujours fidèle et le malheur sera-t-il jamais pour moi une cause d'infidélité ? Vous m'invitez à aller dans votre beau Midi, dans ces montagnes où je vous

semblablement, ma femme et moi, quitter la France et nous retirer peut-être à Genève, mais il faut avant vendre le peu qui nous reste... » Empêché de rien vendre, il dut passer tout l'hiver à Paris.

ai vue ; je ne suis revenu en France (1) que pour combattre. Maintenant, le combat est fini et je vais reprendre le chemin de l'exil. J'ai eu le choléra (2) ; il m'a laissé la vie ; je ne la lui disputais pas. Vivez heureuse et, si vous entendez dire quelque jour que j'ai quitté ce triste monde, donnez-moi un regret et gardez-moi un souvenir.

Je ne quitterai Paris qu'à la fin du mois prochain.

XLIX

Paris, 9 juillet 1832.

Les journaux vous auront appris que je suis libre (3). Votre gracieux billet est venu me

(1) Installé en Suisse — aux Pâquis, près de Genève — depuis la fin de mai 1831, Chateaubriand revint à Paris au milieu du mois d'octobre pour publier sa brochure : *De la nouvelle proposition relative au bannissement de Charles X et de sa famille.* Les polémiques qu'elle suscita l'occupèrent et le retinrent tout l'hiver. Au printemps, l'affaire du débarquement aventureux de la duchesse de Berry le força encore de retarder son départ.

(2) C'est dans les derniers jours du mois de mars que le choléra fit son apparition à Paris. Vers le début d'avril, Chateaubriand fut saisi, une nuit, de frissons et de crampes et demeura malade plusieurs jours.

(3) Arrêté rue d'Enfer, le 16 juin au matin, prévenu « de

rendre cette liberté plus chère ; vous vous êtes souvenue de moi, de Cauterets, de la sylphide, de la fée. Je vous remercie !

Je ne veux point de votre argent ; mais je mets au nombre de mes trésors vos souvenirs. Pourquoi les heures de Cauterets ne reviendraient-elles pas? Je me sens rajeuni de vingt-cinq années, et j'espère bientôt être en enfance.

Hélas ! je vais pourtant prendre le plus long chemin pour aller aux Pyrénées. Après être revenu défendre la veuve et l'orphelin, je me prépare à retourner à mon exil, dans quelque vallée des Alpes italiennes. Je partirai du 25 au 30 de ce mois, sauf les accidents d'une nouvelle prison. Si vous voulez me dire adieu, vous le pouvez encore en me répondant vite ici. N'entendrai-je jamais parler de vous dans mes montagnes et, si je vous donne mon adresse, quand j'aurai choisi ma solitude, m'écrirez-vous?

Adieu, Adèle, Léontine et madame la comtesse de C...

complot contre la sûreté de l'État », et compris dans les poursuites provoquées par l'aventure de la duchesse de Berry, Chateaubriand fut courtoisement détenu dans l'appartement privé du préfet de police ; le 30 juin, une ordonnance de non-lieu lui rendit la liberté.

(LETTRE DE Mme DE C...) (1)

Juillet 1832.

« Pourquoi les heures de Cauterets ne reviendraient-elles pas? » dites-vous. Mais où donc en retrouver la trace? Jours heureux, jours évanouis, vous êtes allés vous perdre dans ce gouffre insatiable qui ne redonne jamais ce qu'il a englouti (2) ! Pas une feuille de celles qui se sont balancées sur nos têtes n'est demeurée pour abriter les lieux où nous nous sommes reposés ensemble. La cascade a renouvelé mille fois ses eaux, l'écho du lac ne se souvient plus

(1) Mme de Castelbajac avait conservé le texte de cette lettre et de deux autres que l'on trouvera plus loin. Ces lettres font vivement regretter qu'elle n'ait pas cru devoir conserver aussi toutes celles qu'elle avait écrites à Chateaubriand. (S. R.).

(2) L'influence de Lamartine se trouve bien curieusement mêlée à celle de Chateaubriand dans cette page de littérature romantique. Il est peut-être intéressant d'indiquer qu'au château d'Hauterive, Mlle de Villeneuve lisait assidûment les vers de l'auteur du *Lac*, idole de sa jeune sœur Octavie. Son amie Coraly de Gaïx lui écrit par exemple en 1825 : « ... J'aurais voulu vous envoyer Lamartine comme je vous l'avais promis, et mon original de frère l'a emporté. Je pense qu'il arrivera ces jours-ci, et qu'Octavie pourra bientôt admirer tout le romantisme et toute la sensiblerie de son héros... » (*Coraly de Gaïx*, par le baron de Gaïx.)

du son de notre voix, le gazon a perdu la trace de nos pas... La poussière qui forme nos cœurs, seule, aurait-elle le pouvoir de garder une empreinte durable? Lorsque dans la nature rien ne conserve le passé, le souvenir aurait-il là puissance de faire renaître ce qui n'est plus? Non, non, l'adieu de Cauterets fut un éternel adieu. Alors même que les événements ou une mutuelle volonté parviendraient à nous réunir encore, ce ne sera pas aux Pyrénées et vous ne retrouverez plus Adèle.

Cependant, il est une contrée où une nouvelle rencontre pourrait rallumer peut-être mon imagination : c'est la vallée des Alpes italiennes, choisie pour votre exil volontaire. Dans ces sauvages solitudes, la mémoire se ranimerait plus vive et plus fidèle. Confiant à sa magie la félicité du temps présent, nous rechercherions ce qui nous a fui, ce que nous avons pleuré et le souvenir nous reviendrait presque aussi doux qu'une espérance... Mais le sylphe seul peut y rêver !

Le choléra vous a épargné. Le voilà qui recommence encore ! Fuyez-le ; il ne faut pas braver deux fois des dangers inutiles. Bientôt peut-être, le fléau qui sut respecter vos jours va menacer les miens... Mon ami, si je meurs, ne m'oubliez pas tout à fait et qu'une pensée suive jusque dans la tombe la mémoire fugitive d'une femme obscure.

Adieu, je vous demande votre adresse. Il ne faut pas commencer déjà à ne plus exister l'un pour l'autre. Il ne faut pas *qu'une amitié qui ne fut point l'amour* et qui en eut, pourtant, le dévouement, l'exaltation et le charme, aille s'éteindre comme une passion vulgaire dans le néant de l'oubli.

Vous avez eu tort de ne pas m'accorder la grâce que je sollicitais. C'eût été me distinguer dans la foule. N'importe, le trésor de la jeune femme ne sera pas tout à fait détourné de sa destination. Il servira peut-être à lui faciliter le moyen de revoir son noble ami.

L

*(A Mme la comtesse de Castelbajac,
au château d'Hauterive.)*

Paris, 26 juillet 1832.

Mon adresse provisoire est à Lucerne, Suisse, poste restante. Il est vraisemblable que je m'établirai à Lugano, dernière ville des bailliages suisses-italiens, auprès du lac Majeur, au revers des Alpes. Grossissez donc votre trésor et qu'il vous décide un jour à venir recueillir les derniers jours de votre ami.

Je vais travailler à mes *Mémoires*, m'enfoncer et remonter dans le passé pour retrouver la vie que vous me faites encore sentir.

Il me plaît, puisque vous n'êtes pas avec moi, que vous soyez au pied des Pyrénées, comme moi au pied des Alpes. Mon imagination s'arrange de ces montagnes et de ce soleil d'Espagne et de l'Italie. Laissons la France, sans passions et dégénérée de sa gloire, se traîner entre nous, en proie au « juste milieu ».

Je partirai du 1er au 3 du mois prochain et serai à Lucerne vers le 7 ou le 8 (1). Envoyez-moi exactement votre adresse. Ma sylphide me permet-elle de baiser la boucle la plus légère de ses cheveux? C'est un adieu.

---

(1) Il ne partit que le 8 août, et non point pour Lucerne, mais pour Genève, où il demeura jusqu'aux premiers jours de novembre : la nouvelle de l'arrestation de la duchesse de Berry le rappela alors rue d'Enfer, où il arriva le 17 novembre.

(LETTRE DE Mme DE C...)

Août 1832.

Les Pyrénées et les Alpes auront donc des échos qui sauront se répondre?

Et, laissant se débattre à nos pieds les hommes et leurs mesquines passions, des sommets des montagnes nous planerons sur la foule... Ce vœu audacieux n'étonne-t-il pas un peu mon illustre ami? Eh quoi! la femme obscure qui voit chacun de ses jours ressembler à celui de la veille, se joindre et former la chaîne uniforme qui doit la conduire de la jeunesse à la vieillesse, cette femme ose tendre une main hardie au génie qui plane sur son siècle et lui dire : « Marchons ensemble ; que mes pas s'attachent à vos pas ; que ma voix se mêle à la vôtre et que ma pensée s'unisse à la pensée qui sut créer des chefs-d'œuvre immortels ! »

Eh bien ! oui, tel est mon orgueil ; mais ce n'est pas un orgueil vulgaire qui cherche le regard du monde. Vous me nommez votre amie? Que ce nom demeure toujours un secret entre nous, que les joies de l'amour-propre ne viennent jamais rien ravir aux jouissances du cœur et que Léontine vous apparaisse comme un de ces êtres mystérieux dont la terre ignore l'existence et qui semblent être une création de l'imagination.

Hélas! nous nous sommes rencontrés une seule fois dans cette route de la vie où le pied infatigable avance toujours. Un instant semblable nous est-il promis? Et pourrons-nous disposer de la moindre parcelle de ce temps prodigue de douleur, si avare de joie? Oh! mon Dieu, un jour encore! N'avons-nous pas des souvenirs à rappeler, des espérances à regretter?... Je ne sais si vous m'avez bien comprise et bien connue; mais il me semble que je vous ai aimé d'une affection qui ne ressemble à aucune autre. Trois ans se sont écoulés; bien des chimères ont fui et, en me réveillant de mes songes, je sens que je vous aime encore. Mais qu'il est doux de n'avoir pas même une pensée à me reprocher!... la main appuyée sur son cœur de pouvoir dire : toujours! en élevant son regard vers les cieux!

Si le calme ou la tempête parvenaient, cependant, à nous jeter sur la même plage, vous me liriez, n'est-ce pas, quelques pages de vos Souvenirs? Vous venez d'en ajouter une bien belle (1) : celle que vous ont inspirée les grandeurs déchues que vous n'avez pas su encenser dans la prospérité et que vous savez servir dans l'infortune.

Adieu, mon ami, premier rêve de mon enfance, illusion qui berça ma jeunesse et qui ne s'efface pas même avec elle, adieu !... Un jour viendra où ce mot finira tout et où l'un de nous restera pour se souvenir et pleurer. Laissez-moi croire à vos larmes, laissez-moi espérer une pensée.

L.

LI

(*A Mme la comtesse de Castelbajac, à Castres.*)

Paris, 12 décembre 1832.

Votre lettre m'arrive et me trouve malade assez sérieusement. Votre lettre au maré-

---

(1) Quelle page?... La retentissante brochure : *Mémoire sur la captivité de la duchesse de Berry* ne parut que le 29 décembre 1832. Il semble bien qu'il s'agit ici d'une autre brochure que Chateaubriand avait publiée vers la fin d'avril : *Courtes explications sur les 12 000 francs offerts par Mme la duchesse de Berry aux indigents attaqués par la contagion.* Sans doute Mme de Castelbajac venait-elle seulement de la lire.

chal (1) est admirable ; mais je crois très inutile de la lui envoyer.

Mon ouvrage, qui m'a pensé tuer, est à la presse (2) et paraîtra dans une quinzaine de jours. Peut-être irai-je, si je vais mieux, le porter aux geôliers de Blaye (3). Je vous manderai ce que je ferai. Je suis heureux que vous soyez contente de moi. Je vous quitte pour des sangsues. A bientôt.

LII

Paris, 27 décembre 1832.

Je suis toujours malade. Au moment où je vous écris, je viens d'être couvert de sangsues.

(1) Le maréchal Soult — « maréchal duc de Dalmatie » — ministre de la Guerre et président du Conseil dans le cabinet formé le 11 octobre précédent. Mme de Castelbajac avait rédigé une lettre à son adresse en faveur de la duchesse de Berry, détenue à la citadelle de Blaye.

(2) La dernière page du célèbre *Mémoire* porte cependant la date du 24 décembre 1832 ; c'est sans doute celle où Chateaubriand en délivra le « bon à tirer ».

(3) Les « geôliers de Blaye » s'appellent alors le colonel Chousserie et le commissaire de police Joly. Le général Bugeaud ne sera nommé gouverneur de la citadelle que le 31 janvier suivant. (Voir *la Princesse captive*, par J. Lucas-Dubreton.) Chateaubriand s'était offert comme conseiller à la duchesse de Berry ; il venait de demander au gouvernement l'autorisation de l'aller voir — autorisation qu'on lui refusa.

Mon ouvrage paraît après-demain samedi ; il sera à Toulouse aussitôt que cette lettre. Je n'irai pas à Blaye. Ce voyage est décidément trop banal et inutile. Je ne vois pas non plus que j'aie jamais occasion de remettre votre lettre au maréchal. Cependant, si cette occasion se présentait, je ferais ce que vous me dites.

Ah ! je ne suis pas assez heureux pour vous voir dans la belle Occitanie ; pourtant j'y pense sans cesse et quelquefois j'espère, si ma triste santé me retient à présent en France, d'aller vous chercher à Cauterets.

Je ne puis plus écrire. Ces vilaines bêtes me mangent.

Bonne et jeune année !

LIII

(*Mme la comtesse L. de Castelbajac.*)

Paris, 27 mai 1838.

Votre billet m'arrive au moment où les médecins m'ordonnent de voyager au Midi. Mais pourrai-je passer un moment à Cauterets? Je l'ignore. Est-il quelque autre lieu autour de vous, où je pourrais vous trouver? Alby, Béziers, Nîmes, Montauban, Auch, etc., toute la côte de la Méditerranée? Quelle serait l'époque fixe? J'attends un mot de vous avant de prendre un parti.

Que parlez-vous d'être tombée du ciel sur la terre? Moi, je suis *sous* la terre, mort, archimort et, qui pis est, malade. J'ai vu votre cousin ; il m'a parlé de vous.

LIV

Paris, 9 juin 1838.

Les incertitudes de ma vie recommencent ; je ne puis quitter Paris que quand ma maison rue d'Enfer sera vendue ; et l'archevêque de Paris, qui voulait l'acquérir pour la joindre à l'infirmerie de Marie-Thérèse, hésite actuellement. Cela me tourmente d'une manière cruelle. Je ne puis donc plus savoir ce que je ferai. Si je puis aller dans le Midi, je vous verrai probablement à Toulouse. Cauterets, j'y renonce. J'aimerais à vous voir auprès de Tarbes (1) ; mais

(1) Ma grand'mère habitait en été le château de Chis, à huit kilomètres au nord de Tarbes, propriété appartenant à son mari, le comte de Castelbajac. (S. R.)

j'ai peur que ce ne soit trop tard dans l'année.

Je vous écrirai à la double adresse, à Toulouse, aussitôt que je saurai quelque chose sur ma vie. Je suis mieux, je vous remercie ; je ne crois pas à votre vieillesse, mais j'ai la conviction de mes années. A vous à jamais !

LV

Paris, 26 juin 1838.

Madame la Comtesse (1),

J'ai reçu votre trop obligeante lettre : je suis tout étonné que vous ayez la bonté de vous souvenir d'un vieux voyageur qui a eu l'honneur de vous rencontrer un moment à Cauterets.

Il est vrai, Madame, que les médecins m'ont ordonné de voyager dans le Midi. Si rien n'entrave mes projets, j'espère être à Toulouse du 15 au 20 du mois prochain. Si vous le permettez, je m'empresserai d'aller vous remer-

(1) Cette lettre « officielle » est la réponse à la lettre d'invitation, également officielle, que Mme de Castelbajac avait adressée à M. le vicomte de Chateaubriand.

cier de l'intérêt que vous voulez bien me témoigner.

Agréez, Madame, je vous prie, l'hommage du respect avec lequel j'ai l'honneur d'être

Votre très humble et très obéissant serviteur.

CHATEAUBRIAND.

LVI

(A Mme la comtesse de Castelbajac.)

Paris, le 9 juillet 1838.

Je suis honteux, Madame, que vous vous soyez donné la peine de répondre aux remerciements que je vous devais. Quelques affaires m'ont retenu à Paris plus longtemps que je ne l'aurais voulu ; mais, certainement, je serai à Toulouse dans les premiers jours d'août.

Recevez, je vous prie, d'avance, Madame, l'hommage du respect que je m'empresserai d'aller vous offrir en arrivant.

CHATEAUBRIAND.

LVII

(A Mme la comtesse de Castelbajac.)

Toulouse, le 18 juillet 1838 (1).

J'ai appris, Madame, avec étonnement que j'avais le bonheur d'être descendu à l'hôtel même (2) dont vous occupez une partie. Auriez-vous l'extrême bonté, Madame, de m'indiquer le moment où je pourrai avoir l'honneur de vous présenter l'hommage de mon respect?

CHATEAUBRIAND.

(1) Deux jours plus tard, le 20 juillet, Chateaubriand assista à la séance hebdomadaire de l'Académie des Jeux Floraux : il avait reçu le titre de maître ès-jeux en 1821. M. de Castelbajac était « mainteneur » depuis 1837 ; il avait remplacé dans cette dignité M. de Cambon.

(2) Hôtel de Cambon, place Saint-Étienne, 14, Toulouse. Cet hôtel, qui porta pendant quelques années le nom d' « Hôtel de France », passa des Cambon aux Tauriac qui le transmirent au comte de Bertier-Bonrepos dans la famille de qui il est resté jusqu'à ces dernières années. (S. R.)

LVIII

(*A Mme la comtesse de Castelbajac.*)

Paris, 8 août 1838.

Je suis revenu ici, Madame la comtesse, pénétré de votre bonté et de l'accueil qu'a bien voulu me faire M. le comte de Castelbajac ; nous serions trop heureux, Mme de Chateaubriand et moi, de vous rendre votre noble hospitalité, si jamais un peu de curiosité vous amenait à Paris.

J'ai été heureux, Madame, de voir que le temps ne peut rien, ni contre votre personne, ni sur votre mémoire et que les jours ont passé sur votre tête sans vous avoir enlevé une grâce, sans vous avoir fait perdre le souvenir du vieux voyageur. J'ai déjà chargé M. de La Vergne de vous dire toute ma reconnaissance ; je la mets à nouveau à vos pieds, Madame, avec l'hommage de mon respect, en vous priant d'offrir à M. de Castelbajac mes remerciements les plus empressés.

CHATEAUBRIAND.

LIX

(*Mlle Adèle de...*)

Paris, 23 août 1838.

Je vous réponds par la double adresse, sans cependant en avoir besoin. Vous me dites des choses charmantes ; mais je ne vous crois plus ; et si vous ne me promettiez deux mois, cet hiver, à Paris, je crois que je ne vous écrirais pas.

Vous avez vu que le temps ne changeait chez moi que l'extérieur. Vous, au contraire de moi, tous les changements sont en dedans. Vous êtes restée plus charmante que je ne vous avais laissée dans les montagnes.

Je me rappelle ces temps d'autrefois non sans regrets ; mais ces regrets se mêlent à tant d'autres que je ne sais plus auquel entendre. La conclusion de tout cela est qu'il faut finir : le plus tôt possible sera le mieux. Si vous venez réellement à Paris, si je passe deux mois auprès de vous, vous me rendrez peut-être le courage et la vie. Cela dépend de vous.

Adieu, ma sylphide. Je ne vous écris point encore ostensiblement parce que je vous ai écrit pour vous remercier. Il me faut une seconde lettre de vous pour vous offrir mes *respectueux hommages*.

Observez bien que mon adresse est changée : Rue du Bac, n° 112 (1).

LX

Paris, 22 septembre 1838.

Je formais tous les jours, Madame la comtesse, le projet de vous écrire pour vous remercier encore ; et tous les jours j'étais retenu par la crainte de vous importuner. La fatigue du voyage, que je n'avais pas sentie d'abord, est survenue et il a fallu compter avec mes huit cents lieues.

Paris est maintenant un désert, et la solitude entre des murailles est déplorable. Je n'ai d'autre ressource que de reprendre dans mes

(1) C'est au retour de ce voyage dans le Midi que Chateaubriand s'installa dans son dernier logis.

Mémoires quelques années restées en arrière ; mais j'aurai bientôt parcouru ces années et je n'aurai plus même de retraite dans ma vieille vie.

Vous, Madame, vous habitez peut-être, à présent, ces belles montagnes au soleil de l'Espagne où je vous ai vue pour la première fois : Mme de Chateaubriand et moi nous espérons que vous en descendrez cet automne et que nous aurons le bonheur de vous rendre à Paris, cet hiver, votre obligeante et gracieuse hospitalité.

Auriez-vous, Madame la comtesse, la bonté d'offrir à M. de Castelbajac mes très humbles obéissances et d'agréer l'hommage de mon respect.

CHATEAUBRIAND.

LXI

(Mme la comtesse de Castelbajac.)

Rue du Bac, 112. Paris, 4 janvier 1839.

L'oubli n'est pas le mot, mais *le découragement*, et il est de mes années. Vous savez déjà si je serai charmé de vous voir. Mais viendrez-vous? J'en doute ; je doute de tout aujourd'hui, car je n'ai point de lendemain.

Enfin, si j'ai jamais le bonheur de vous revoir, vous me retrouverez tel que je serai toujours ; mais vous m'avez appris à Toulouse que vous n'êtes plus la voyageuse des Pyrénées.

Adieu, Madame ; si vous voulez bannir ce nom de nos lettres, venez à Paris. Je ne veux plus souhaiter d'heureuse année à celle qui peut en changer longtemps, tandis que je ne suis pas sûr d'aller au bout de l'an que je commence. A vous pourtant !

LXII

(Mlle Adèle de...)

Rue du Bac, 112. Paris, 22 avril 1839.

Je dois aller en Bretagne bientôt ; mais si vous étiez résolue de venir à Paris, je vous attendrais. Je vois bien que vous ne viendrez pas ; je ne pouvais pas espérer que vous fussiez plus longtemps fidèle à mes vieilles années.

Mme de Chateaubriand aurait grand besoin des eaux des Pyrénées ; mais, autre accident : de nouveaux accidents de librairie (1) m'ôtent toute faculté d'aller loin. Nous reverrons-nous jamais ? Qui le sait ? Je m'en irai de ce monde en vous aimant toujours et vous maudissant un peu.

(BILLET ÉCRIT PAR Mme LA COMTESSE
DE CASTELBAJAC.)

Hauterive, mai 1839.

M. de Chateaubriand voudra-t-il accueillir avec indulgence un inconnu qui vient à lui porteur d'un papier signé ainsi : Comtesse Ad. de Castelbajac ?

Cet inconnu est mon frère, M. de Ville-

(1) Il s'agit de la faillite du libraire Delloye, que Chateaubriand explique ainsi dans une lettre de juin 1839 à son ami Frisell : « M. Delloye avait apporté dans ses affaires une loyauté et une bonne foi qui ont été trompées. Vous savez peut-être que c'était lui qui s'était mis à la tête de la Société devenue propriétaire de mes *Mémoires* posthumes ; sa faillite n'a pas atteint précisément mon marché, mais elle a fait manquer un second arrangement par lequel mon sort et celui de Mme de Chateaubriand se trouvaient très améliorés... »

neuve (1). Je l'ai chargé, Monsieur, de me donner de vos nouvelles... et c'est une commission qu'on bénit comme la meilleure de toutes les bonnes fortunes, mais dont on s'acquitte en tremblant un peu.

LXIII

(A Mlle Adèle de...)

13 mai 1839.

Je n'irai point en Bretagne : je reste pour vous attendre si vous venez à Paris ; mais j'avoue que j'y compte peu. Votre vie est trop entourée et vous n'avez pas assez de résolution. Votre cœur est mort. Je ne parle plus de ma mort : elle est certaine. C'est déjà une vieille affaire dont il n'est plus question.

(1) Le marquis de Villeneuve, frère de Mme de Castelbajac, est mort au château d'Hauterive (Tarn), le 29 juin 1906, laissant un fils, Roger, qui a laissé de son mariage avec Mlle de Mauléon, Louis, marquis de Villeneuve, marié à Mlle de Carayon-La Tour. Devenu veuf, Roger de Villeneuve se remaria en 1880 avec Mlle Henriette de Fesquet. Il est mort en avril 1913, laissant de son second mariage : 1º François, comte de Villeneuve, aviateur, mort pour la France pendant la guerre ; 2º Émilie, mariée au comte de Poulpiquet du Halgouet. (S. R.)

Je ne forme aucun projet. J'ai dans la tête une arrière-pensée pour l'Italie l'année prochaine, s'il y a pour moi année prochaine. Vous ne voudriez pas voir Rome, n'est-ce pas? Votre beau jeune frère me fera grand plaisir de venir me voir. Je suis aussi sauvage qu'il est timide. Adieu, infidèle, j'attends un mot de vous. Je voudrais bien être dans votre château d'autrefois !

LXIV

(A Mlle Adèle de...)

28 août 1839.

Je ferai ce que vous voudrez. Je n'irai point en Italie cet hiver ; je vous attendrai au printemps. Vous manquerez de parole ; je n'en serai pas moins soumis et prêt à partir pour Rome, l'hiver de 1841, si le cœur vous en dit. Mais il faut vivre et je suis bien souffrant. N'importe : présent et avenir, tout vous appartient.

Gardez-moi un souvenir, si vous pouvez, dans vos Pyrénées. Ah ! si j'étais là !

LXV

(*Pour remettre à Mlle Adèle de...*)

Paris, 11 février 1840.

Votre lettre m'a fait une peine que vous pouvez deviner (1), mais non pas parce que vous ne pouvez plus venir à Paris ; je n'ai jamais compté sur ce voyage. Vous savez que je ne crois plus à vous.

Ah ! que ne suis-je riche? J'achèterais l'asile que vous allez vendre. Je vous prouverai, d'ailleurs, que j'aime plus longtemps que vous. Je ne reçois point vos adieux. Si je vis, je vous verrai : j'irai vous chercher n'importe où. Ma main, dès aujourd'hui, est déjà assez vieille pour se poser sur la tête de votre fils. Écrivez-moi, ne m'oubliez pas.

(1) Mme de Castelbajac avait fait confidence à Chateaubriand de certains embarras imprévus de fortune qui allaient contraindre son mari à mettre en vente le domaine de Grenade-sur-Garonne.

LXVI

(Pour remettre à Mlle Adèle de...)

Paris, 18 août 1840.

Si j'avais su où vous écrire, je n'aurais pas, pendant six mois, attendu de vos nouvelles ; encore aujourd'hui, j'écris au hasard, craignant de mal envoyer la lettre et n'ayant point de direction juste.

Oui, je suis pauvre comme vous. Si j'étais riche, vous n'auriez pas souffert et vous ne souffririez pas. Je ne connais point d'étranger pour votre charmante retraite. Ah ! si je pouvais l'habiter...

Je vais de plus en plus mal, j'arrive au fond du calice. Enfin, j'espère qu'il sera bientôt épuisé. L'Italie, mon éternel rêve, si vous l'aviez partagé, aurait sans doute donné à votre talent toute sa valeur ; mais croyez-moi, quand on est comme vous aimée des muses, tout n'est pas perdu.

Moi je les aime toujours, mais elles ne m'aiment plus. Je suis à cet âge où tout nous quitte. Travaillez, c'est votre seule ressource. Écrivez, envoyez-moi vos belles pages. Nous nous reverrons, j'en suis sûr. J'irai vous trouver, si je ne meurs pas encore. Je souffre beaucoup. Vous le verrez à mon écriture (1). De grâce, écrivez-moi.

LXVII

(A Mme la comtesse de Castelbajac.)

Paris, 30 octobre 1841.

J'écris difficilement à cause des années et de la goutte. Vous me dites que vous ne serez où vous êtes que jusqu'au 1er novembre ; et le 1er novembre est après-demain. Votre lettre du 22 octobre m'a attendu ici : j'étais absent.

J'ai la plupart de vos lettres ; je vous les rendrai ; mais il faut que je les cherche et que je les réunisse ; vous en ferez ce que vous vou-

---

(1) Le 19 juillet précédent, à Mme Récamier, qui l'avait quitté pour aller prendre les eaux d'Ems, il avait écrit : « ... Je vous écrirai, quoique pouvant à peine former une lettre. Le vieux chat ne peut plus jeter sa griffe, qui se retire. Je rentre en moi : mon écriture diminue, mes idées s'effacent... »

drez. Je les remets à votre foi. Je m'en irai bientôt pour toujours. Mon souvenir vous appartient, gardez-le. Je ne songe qu'à vous voir encore une fois avant de mourir. J'ai tout fini ; je me repose un moment avant de partir pour le grand voyage. Où ce billet vous trouvera-t-il? Où allez-vous?

Trouverez-vous le moyen de m'écrire et de me dire où je puis vous adresser mes lettres?

Adieu, Léontine !

LXVIII

Paris, 13 avril 1842.

Quand votre lettre m'est arrivée, je songeais à un voyage aux Pyrénées pour vous voir encore une fois avant de mourir. Mais, d'abord, pourrais-je faire un aussi long voyage? Les médecins veulent m'envoyer à Bagnères-de-Luchon (1). Je serais près de Tarbes, pas loin de Cauterets.

---

(1) Ils l'envoyèrent finalement aux eaux de Néris où il avait fait une saison l'année précédente, et dont il avait écrit : « ... J'ai pris ce pays-ci en horreur. Les eaux et les médecins me sont odieux... » (A Mme Récamier, 9 août 1841.)

Ayant eu des raisons de craindre d'être emporté subitement, dans un moment d'inquiétude, j'ai mis ordre à mes affaires. J'ai brûlé à la hâte toutes les lettres en ma possession, laissant à votre mémoire de prolonger ma vie. Je ne pouvais pas faire un meilleur choix pour l'embellir. Peut-être qu'en cherchant encore je retrouverai quelque chose de vous. Je vous le porterai si je puis aller vers vous. Arrivé aux Pyrénées, ce sera à vous de me dire comment je pourrai m'entendre avec vous. Vos adresses sont bien compliquées et très peu claires. J'appartiens plus que jamais à ma Sylphide ; mais les années m'ont rendu trop pesant pour elle.

LXIX

(Mme de Castelbajac, Cauterets.)

22 octobre 1842.

J'arrive de Néris, toujours souffrant ; je trouve votre lettre. Je vous remercie. Si, nous nous reverrons : ne m'oubliez pas !

LXX

Paris, 30 septembre 1847.

Je serai demain à votre porte. Je vous remercie de vous être souvenue de moi (1).

CHATEAUBRIAND.

(1) Venue à Paris avec son mari pour quelques jours, Mme de Castelbajac avait voulu revoir « son Chateaubriand ». Au revers de ce dernier billet, elle a écrit : « Reçu pendant notre séjour à Paris en 1847. M. de Chateaubriand pouvait à peine signer son nom, comme cela se voit. »

ÉPILOGUE

Pendant toute sa vie, qui fut très longue et entourée de l'estime publique, Mme de Castelbajac fut obsédée d'un souci tour à tour mélancolique ou irrité. Les trois mots offensants des Mémoires d'outre-tombe *— « dans mes bras » — hantèrent, pendant un demi-siècle, les souvenirs meurtris de l'Occitanienne. Sa loyauté, sa pureté, le culte ardent et immatériel qu'elle gardait au demi-dieu élu de sa jeunesse se révoltaient contre la fiction littéraire et « avantageuse » du récit de* Chateaubriand.

L'examen du coffret où elle avait enfermé les reliques de son chaste roman avec René *éclaire cette âme exaltée et sensible d'une lumière qui ne laisse aucune prise à l'hypothèse d'une erreur ou d'une défaillance naïve, même sans gravité.*

Un inventaire rapide des papiers qu'elle destinait à sa famille va suffire à résumer la vie irréprochable et sans remords de l'épouse, de la mère, de l'aïeule si constamment attachée à tous ses devoirs.

LE COFFRET DE L'OCCITANIENNE

La cassette de Léontine de Villeneuve, comtesse de Castelbajac, contenait d'abord les soixante-dix autographes (1) de Chateaubriand — chacun plié dans un feuillet du même papier, portant les « secondes » adresses reproduites en tête des lettres publiées ici et le cachet rompu, en cire rouge, dont elles furent fermées.

Assez étourdiment, le poète, qui s'était évertué à dénaturer son écriture sur ces enveloppes, les scellait d'attributs personnels fort connus : ses deux initiales en gothique, surmontées d'une couronne de vicomte dont la perle centrale était grossie. N'importe quel lettré de l'époque eût immédiatement pénétré le mystère et nommé l'auteur de ces lettres, dont aucune enveloppe extérieure ne nous est parvenue. La « commissionnaire » d'Adèle demeure donc énigmatique ; mais les *Confidences* de l'Occitanienne nous laisseraient proposer le nom de Mlle du Valès, sa tante et son chaperon à Cauterets.

Le coffret gardait encore les quelques lettres ou brouillons de Léontine que l'on a lus, le portrait lithographié de Chateaubriand — « cette gravure, écrivait-il le 27 janvier 1828, où je fais une abominable grimace et où je parais à demi bossu ! » — et les deux cahiers manuscrits des *Confidences* qui ont servi de préface et de commentaire aux lettres de l'auteur du *Génie du christianisme*.

Enfin, quelques documents explicatifs, écrits à de longs intervalles les uns des autres, tous de la main de Mme de Castelbajac, complétaient, avec une lettre de l'abbé De-

(1) Exactement soixante-huit lettres seulement sont autographes puisque la lettre LXX est de la main d'un secrétaire, et que la lettre XLVI a été détruite par la destinaire et reconstituée par elle fragmentairement.

guerry, les confessions et les preuves dont Mme de Saint-Roman conserve encore le dépôt sacré.

En voici les fragments essentiels et les dispositions testamentaires.

I

Sous une enveloppe de lettre portant la signature de l'Occitanienne et la suscription suivante : « Instruction relative à la *cassette* que j'ai confiée, *en dépôt*, à l'obligeance et à l'amitié de M. Louis Deloume... Je le prie de prendre connaissance de ceci et de le garder, pour se souvenir de ces instructions. »

*Manuscrit refait et recopié
en octobre 1894 (1).*

Je confie ladite cassette à l'obligeance de M. Louis Deloume, en demandant à son amitié de vouloir bien la garder *en dépôt*, pour être remise, par lui, à ma petite-fille Pauline de Castelbajac, comtesse de Saint-Roman, *cinq années après mon décès.*

_____

(1) « L'Occitanienne » avait alors quatre-vingt-onze ans.

J'ai substitué ma petite-fille de Castelbajac à ma nièce, la duchesse de Reggio, née de Castelbajac. Mais le contenu de cette cassette pourra lui être communiqué. Elle ne contient aucune espèce d'objets de valeur, soit en argent ou en bijoux, soit en titres — mais seulement des *papiers intimes*, que j'ai voulu conserver ainsi, après moi.

COMTESSE DE CASTELBAJAC,
née DE VILLENEUVE.

II

Sous une enveloppe portant ces mots : « Explication importante, *à lire la première* » — les deux pages suivantes :

— Je me suis demandé, à tous les âges, le nom qu'il fallait donner à ma passion pour M. de Ch..., née, en quelque sorte, avec moi. — C'était de *l'adoration!* avec son culte, son encens, son enthousiasme — un mysticisme (si l'on ose se permettre de s'exprimer ainsi) les yeux levés vers le ciel, d'où descend le génie de l'homme.

L'enfant, la jeune fille, la jeune femme se sont succédé pour donner le nom de *suprême amitié* à un sentiment unique, en qui se résumaient toutes les élévations du cœur. Il était l'ami de *mon âme*, cet inconnu qui s'était révélé à elle par des écrits admirables, puis par des lettres, adressées, elles aussi, à une inconnue.

Et lorsque, au soir de sa vie, cet illustre vieillard s'est trouvé rapproché de moi durant bien peu de temps, je me suis inclinée devant lui avec la même adoration intellectuelle, devenue seulement une amitié capable des plus nobles dévouements. Mais, devant Dieu, elle est coupable d'avoir abaissé jusqu'à la créature ce qui n'est dû qu'à la Divinité.

La femme *mariée* a pu garder ce qu'elle a continué à nommer « sa passion », tout en aimant *d'amour* le mari à qui elle s'est engagée dans toute la plénitude et la douceur d'un sentiment béni du ciel.

L'exceptionnelle amitié a cependant conservé une place dans l'imagination qu'elle avait si longtemps absorbée. Et, plus tard, elle a excusé en *l'ami* ce qu'elle n'aurait point pardonné à un homme qui lui eût inspiré d'autres sentiments. (*Allusion au* « Dans mes bras » *des* Mémoires d'outre-tombe.)

III

Explication. *Quatre pages, recopiées en 1868, par Mme de Castelbajac, et terminées en prescriptions formelles au sujet des lettres de Chateaubriand. C'est une sorte de testament littéraire, qui complète les* Confidences, *et prévoit la nécessité ainsi que les conditions d'une publication posthume :*

Je comptais laisser dans l'ombre et anéantir après moi ces souvenirs de jeunesse, jugés du haut de ma raison avec le désenchantement de l'âge et dont j'étais cependant bien loin de croire avoir à rougir.

Mais, en présence d'un passage des *Mémoires d'outre-tombe*, ma réputation à relever m'obligera peut-être, selon les circonstances, à appeler sur les lettres de M. de Ch... une publicité que je leur aurais refusée...

Qu'on lise cette correspondance : j'en appelle hautement de M. de Ch... à M. de Ch... Ces lettres sont le démenti le plus formel de son récit. Qu'on lise aussi celles adressées, à de longs intervalles, à la femme mariée, lettres qui sont le reflet de l'estime et du respect.

Comment se fait-il qu'une femme ainsi jugée se trouve être la seule compromise par les *Mémoires* de M. de Ch...? L'explication se cacherait-elle dans ces derniers mots du passage des *Mémoires* : « Elle est mariée ! » — ressentiment jaloux de l'amour-propre d'un vieillard?

Quelques phrases de ses lettres pourraient le faire supposer, ainsi qu'*un mot*, dont je me souviens.

Lorsque, en 1838, M. de Chateaubriand devint un instant, à Toulouse, l'hôte de notre foyer, il ne retrouva plus la jeune fille aux folles imaginations, mais une femme mariée, calme et pleinement heureuse, qui tendit sans rougir à l'ami des temps passés une main qu'il n'avait jamais serrée. Il la prit et lui dit : « Ah ! comme votre mari est bien ! et comme vous devez l'aimer ! » On lui répondit : « Oui. »

Mais pourquoi ne pas attribuer plutôt l'inconcevable page aux souvenirs confus de la vieillesse, à cette décadence survenue dans les dernières années de M. de Ch..., qui frappait si douloureusement ceux qui retrouvaient le flambeau du génie changé en une flamme toujours prête à vaciller?

Et l'on sait qu'il a revu, retouché, remanié

ses *Mémoires* jusqu'à la fin de sa vie, aux grands regrets de ses amis.

Quoi qu'il en soit, cette page existe. Et tôt ou tard elle ne manquera pas d'attirer l'attention de ceux qui veulent tout connaître de la vie des hommes illustres. Je ne suis pas nommée... Mais la curiosité n'en sera que plus excitée. Déjà M. de Marcellus m'a devinée et presque désignée, me calomniant sans s'en douter.

Mais si je consens à rester, moi vivante, sous le poids de ces appréhensions, ma mémoire ne doit pas leur être livrée.

Voici, maintenant, pourquoi j'ai choisi ma nièce, la duchesse de Reggio, née de Castelbajac, pour remettre entre ses mains cette correspondance et les *instructions* qui l'accompagnent.

D'abord, j'ai toute confiance en sa *discrétion*, comme en son attachement si tendre et si dévoué. Mais, je veux aussi qu'elle puisse cesser de s'étonner de ce passage des *Mémoires d'outre-tombe*, qui a dû lui paraître étrange, si elle a pensé qu'il pouvait me concerner. C'est donc non seulement une explication, mais une justification qu'elle trouvera ici et plus encore dans les lettres de M. de Ch...

Secondement, j'y joins des instructions,

comme je viens de le spécifier, relatives à ces lettres. — Je lui demande de les cacheter, après en avoir pris connaissance *elle seule;* et puis de les déposer chez un notaire de Paris, pour être rendues à ma famille, après vingt ans (ou plutôt après dix ans). En disant ma famille, c'est Mme de Saint-Roman et sa mère que je désigne.

Mais si, dans un *écrit imprimé quelconque,* mon nom venait à être découvert et prononcé, je demande à ma nièce d'informer ma famille de ce dépôt, en disant que le soin de ma réputation exige que les lettres de M. de Ch... soient connues, précédées des pages explicatives que j'ai dû y joindre, lesquelles sont contenues sous cette enveloppe, réunies à celles-ci qui sont les plus importantes.

COMTESSE DE CASTELBAJAC,
née DE VILLENEUVE.

Juin 1868 (recopié).

Si, par des circonstances que je ne peux prévoir, ma nièce de Reggio trouvait opportun de communiquer ce *dépôt* à ma famille avant les dates indiquées..., je l'y autorise; mais je préfère de beaucoup que ce ne soit qu'après dix ans.

IV

RETOUR SUR LE PASSÉ

A. — Je voulais brûler cette correspondance (souvenirs des folles imaginations de ma jeunesse) malgré l'intérêt qui s'y rattache au point de vue littéraire. Tout ce qui vient d'un écrivain illustre, comme l'est et le sera toujours M. de Ch..., semble devoir appartenir à la postérité. N'importe ; comme mon nom vient s'y confondre, j'aurais anéanti ce qui pouvait me donner une célébrité dont je n'ai nul désir. Après la vie, lorsqu'on n'est plus rien, si ce n'est une âme devant Dieu, ce qui se nomme renommée sur la terre est semblable au souffle du vent perdu dans l'infini. Si j'ai rêvé dans mon jeune âge, cette jeunesse elle-même, mon âge mûr et ma vieillesse se sont absorbés dans le sentiment le plus vif, le plus doux, le plus constant et le plus fort ! Sentiment *béni du ciel* par le mariage, union sainte, rompue ici-bas pour se retrouver là-haut parmi les béatitudes promises ; sentiment qui dissipa les songes, comme le soleil fait disparaître les brumes du point du jour.

J'aurais donc détruit ces lettres, après les avoir relues, la main sur ma conscience, sans l'article inconcevable des *Mémoires d'outre-tombe*. Mais en présence de ces lignes, je me dois à moi-même de conserver cette correspondance, parce que là se trouvent explication, justification et mémoire vengée par la même plume qui a essayé, en quelques lignes, d'effacer tant de pages irrécusables et de dénaturer, au profit de je ne sais quel amour-propre ou ressentiment, ce qui pouvait être dit si noblement, si purement, sans risquer de laisser la vérité s'égarer.

Si on lit les lettres de M. de Ch..., on devinera ce qu'était cette femme, s'exaltant jusques aux dernières limites de la raison, précisément parce que ses sentiments ne ressemblaient en rien à l'amour et qu'ils tenaient de cette mystique adoration qui en éloigne à la fois la pensée et la crainte... Pour comprendre ces admirations passionnées, il faut rétrograder jusques aux sentiments de ce siècle. Après avoir éveillé les enthousiasmes religieux, littéraires et politiques, il avait, en quelque sorte, déifié le génie. Parmi ses idoles, aucune n'avait été placée aussi haut que M. de Ch..., réunissant en lui toutes les gloires.

Mon âme avait été saisie par ce tourbillon de renommée et emportée dans une de ces sphères qui ne semblent pas appartenir à ce monde. Enfant, on m'avait fait brûler de l'encens devant cet autel, ne pouvant comprendre encore *le dieu.*

Il se révéla tout à coup à la jeune fille qui sentit grandir en elle ce sentiment d'enthousiasme renvoyé par mille échos ; car on était à une époque (après la Restauration) où les luttes politiques avaient grandi encore une célébrité hors ligne. Je dévorais écrits et livres de M. de Ch..., et l'auteur devint pour moi un ami inconnu à qui je parlais au dedans de moi-même.

Je lui avais si souvent écrit en fiction qu'il me sembla tout simple, après bien des années, de prendre un jour la plume pour m'adresser à lui réellement. Ce fut en 1827. La politique, qui jouait en ce moment un si grand rôle, dicta cette première lettre destinée à être suivie de tant d'autres, *des deux côtés.*

Je me jetai, cœur et âme, dans cette correspondance qui réalisait tous mes songes. Les lettres de M. de Ch..., écrites de France et d'Italie, étaient charmantes ; mais elles devaient exalter bien plus encore ce sentiment indéfinissable qui me semblait être descendu sur la terre sans quitter les cieux. Il était noble, il était pur, ce sentiment, et si on lui eût donné le nom d'amour, c'eût été comme on le donne à l'amour filial, à l'amour fraternel, aux plus nobles passions humaines.

Moi, je l'appelais l'amitié — et c'était elle ! Malgré son exaltation, elle laissait le calme de la conscience. Rien n'éveillait des scrupules ; rien ne venait me troubler par l'ombre d'un remords... si ce n'était le mystère ; mais il me semblait être en possession d'un trésor, dont mes yeux étaient jaloux ! Et, cependant, ce que je lui disais, je le disais tout haut et à tous. En me parlant de lui, on le nommait *mon ami*.

Ah ! l'amour, je l'ai connu plus tard et par *un autre !* Dieu l'a fait entrer dans ma vie et dans mon cœur le jour où j'ai courbé mon front rebelle sous le joug sacré du mariage, repoussé si longtemps par mon aveugle imagination. Alors, j'ai compris combien le rêve était dépassé. La partie la plus éthérée de mon âme, regardant en arrière, a peut-être souri avec complaisance à l'innocence du songe. Mais tout mon être s'est réuni pour bénir le Créateur qui rend l'Eden à l'homme et à la femme, lorsqu'ils s'aiment uniquement, comme à l'aurore de l'humanité.

Sans les *Mémoires d'outre-tombe*, j'avais l'intention de tout confier à mon mari dans nos vieux jours : *à lui* qui pouvait si bien établir une comparaison entre les plus vifs sentiments de mon cœur et une exaltation de tête pour un vieillard illustre. J'aurais peut-être mieux fait de suivre ma première impulsion et, sûre de sa confiance en moi, de m'appuyer sur ses conseils en présence de cette publication, dont on pouvait si bien combattre l'effet.

B. — (1869). — Dès ma première jeunesse une inspiration hardie m'avait fait dédaigner les voies ordinaires de la vie, prétendant me créer une destinée exceptionnelle. Mais je n'osais plus l'espérer, lorsqu'un jour le rêve devint une éblouissante réalité.

Consacrer mon existence au génie le plus illustre de mon siècle ; renoncer pour cette *amitié* glorieuse au sentiment vers lequel la jeunesse vole de toutes ses ailes, en le remplaçant par un sentiment dégagé des liens terrestres ; n'avoir rien à céder de ce que garde l'honneur et, dans un dévouement complet, conserver le droit de porter le front haut, même en abandonnant sa famille, — voilà ce qui fut offert à ce vieillard de soixante ans, au moment des adieux.

Et voilà aussi la signification de la phrase d'une des lettres de M. de Ch..., écrite après son départ de Cauterets : « Un couvent auprès de moi eût été un roman digne de ma vie... »

Cette phrase répond à tout ; et rien ne saurait être plus explicite pour détruire par *l'histoire* la fiction du passage des *Mémoires*.

Quelquefois, j'en viens à me demander si ce passage ne doit pas être appliqué à une autre personne? Il s'agit d'une enfant de seize ans... Et l'on peut voir, par la correspondance, dès son début, que M. de Ch... avait su, par mon cousin, M. de Cambon, que ses lettres s'adressaient à une femme de vingt-deux ans.

Mais, même pour cette inconnue, la scène, telle qu'elle est présentée, ne semble pas possible.

V

APRÈS LA MORT DE CHATEAUBRIAND

De Mme de Castelbajac à l'abbé Deguerry (1), qui avait assisté Chateaubriand à ses derniers moments.

A. — *Copie de ma lettre à M. l'abbé de Guerry* (sic) *après la mort de M. de Chateaubriand, année 1848.*

Monsieur,

Je viens vous demander plus qu'un service : c'est presque une confession que je confie à la discrétion d'un prêtre. Ainsi donc, quoique je sois une inconnue pour vous, vous voudrez bien m'entendre et me répondre.

Il y a déjà bien des années qu'une correspondance a existé entre M. de Chateaubriand et moi,

(1) L'abbé Deguerry, curé de Saint-Eustache en 1848, fut, en 1871, fusillé par la Commune, parmi les otages ; il était alors curé de la Madeleine.

Que sont devenues mes lettres? J'ai dû croire, pendant longtemps, qu'elles avaient été brûlées. Mais, il y a peu de mois, lorsque j'ai revu pour la dernière fois mon illustre ami, j'ai été amenée à penser que cette correspondance n'était peut-être pas détruite. Je ne me suis pas senti la force de la réclamer de nouveau à ce vieillard si triste et si brisé par les années. J'ai tâché d'écarter, et de lui et de moi, la prévision d'une fin prochaine. Maintenant, tout est terminé pour lui en ce monde, hormis sa gloire, qui rayonnera, je l'espère, d'une double immortalité.

Tout ce qui se rattache de près ou de loin au nom d'un homme aussi universellement célèbre peut devenir tôt ou tard la proie du public: ces papiers sont en quelque sorte sa propriété.

Si mes lettres existent, je voudrais les soustraire aux regards curieux qui pourraient ne pas les comprendre ou les calomnier. Je désirerais surtout les réunir à celles que mon noble ami m'a écrites, afin de les ensevelir dans mon souvenir, en attendant que les unes et les autres meurent avec moi.

Veuillez donc, monsieur, avoir l'extrême obligeance de les réclamer ; non pas en mon nom, qui ne devra pas être prononcé, mais d'après les indications suivantes qui établiront clairement mon identité et mes droits. Cette correspondance date de la fin de l'année 1827. Elle a continué très activement, pendant les années 1828 et 1829. Depuis cette époque, qui fut celle de mon mariage, il n'y a plus eu, de loin en loin, que quelques lettres. Elles sont signées alternativement Adèle ou Léontine.

A présent, Monsieur, permettez-moi de vous demander de jeter un coup d'œil sur quelques-unes de ces feuilles choisies au hasard. J'ose croire que ma réputation sortira pure de cet examen, et qu'en accordant votre pitié à la jeune tête qui a pu renfermer tant de folie et tant de rêves, unis, cependant, à une véritable innocence de cœur, vous ne lui refuserez pas votre estime.

Permettez-moi de vous citer une phrase d'une de ces lettres. Ces lignes furent écrites après bien des années, lors du voyage de M. de Chateaubriand à Toulouse, en 1838, où il avait été l'hôte de notre foyer domestique :

« C'est parce que notre mémoire ne nous reproche rien que nous avons senti, sans mélange, le plaisir de nous retrouver. La main du temps vainement passe et repasse sur une faute : elle est inhabile à l'effacer. Nous, au contraire, nous avons pu lui demander de retracer l'histoire de nos *innocentes amours...* »

Il ne me reste plus, Monsieur, qu'à vous prier de vouloir bien excuser mon indiscrétion et à vous offrir, etc...

Signé : Comtesse DE CASTELBAJAC.

B. — *Le coffret de l'Occitanienne contenait cette réponse autographe de l'abbé Deguerry :*

PAROISSE DE SAINT-EUSTACHE

—

Paris, 19 août 1848.

MADAME LA COMTESSE,

La mission dont vous m'avez fait l'honneur de me charger était délicate ; voilà pourquoi ma réponse ne vous arrive pas aussitôt que vous l'auriez peut-être désiré.

Vous pouvez être sans inquiétude au sujet des lettres dont vous me parlez. Le valet de chambre de M. de Chateaubriand que j'ai interrogé d'une manière générale m'a assuré que M. de Chateaubriand n'avait pas coutume de garder ces sortes de papiers, qu'ayant été amené plusieurs fois à les remuer tous depuis que M. de Chateaubriand était souffrant, il savait très certainement qu'il ne s'y trouvait aucune lettre de relations particulières, qu'il ne croyait même pas qu'il y en eût d'aucun genre.

Au reste, Madame la comtesse, les scellés sont encore chez M. de Chateaubriand. Quand on les lèvera, j'aurai soin que vous soyez satisfaite s'il y a lieu. Et si vous ne recevez rien de moi, vous pourrez en conclure que tout ce qui vous intéresse se trouve anéanti.

J'ai l'honneur d'être avec un respectueux dévouement, Madame la comtesse, votre bien humble serviteur.

G. DEGUERRY.

VI

La hantise du scrupule né du fâcheux « mensonge » des *Mémoires d'outre-tombe* a obsédé, nous l'avons dit, la comtesse de Castelbajac jusqu'à ses derniers jours. Sous une enveloppe adressée à M. Louis Deloume, son exécuteur testamentaire, elle a écrit, peu de temps avant de mourir, ces recommandations suprêmes, la main encore ferme et l'esprit en pleine lucidité :

Recommandation. Ma nièce pourra *communiquer* ces Confidences, en secret, à ma petite-fille de Saint-Roman (Pauline). Je crois même que cela *doit être...*

Toute ma vie de femme mariée est là pour me permettre de lever hautement la tête. J'adresse ces intimes explications à ma nièce, la duchesse de Reggio ; elles sont le garant de ce que j'appellerai la réputation que je mérite, en toute vérité.

VII

LA MORT DE L'OCCITANIENNE

Celui qui vient de classer et de publier ces documents épars, conservés avec tant de soin pieux et fanés à peine par le temps, a connu « l'Occitanienne » et son frère, le jeune provincial de mai 1839, que Mme Ad. de Castelbajac recommandait à M. de Chateaubriand par un billet daté d'Hauterive. Après sa visite à Paris, le vieux René écrivait : « Votre beau jeune frère me fera grand plaisir de venir me voir. Je suis aussi sauvage qu'il est timide (1). »

(1) Léontine de Villeneuve avait un frère et deux sœurs. Le frère, dont nous venons de parler — l'aveugle vénérable du castel d'Hauterive — était ce « beau jeune homme timide » des dernières lettres de Chateaubriand. L'aînée des deux sœurs, Octavie, mourut quelques mois avant le mariage de l'Occitanienne (23 novembre 1829) ; la cadette, Émilie, était entrée en religion. Elle fonda, plusieurs années après, le couvent des sœurs

C'est à Hauterive, dans ce « château d'autrefois », où il venait en visite avec son père, que l'enfant d'alors qui rassemble ici ses souvenirs, plus de quarante années après, se rappelle la silhouette, un peu effacée, de la vieille dame de Castelbajac, derrière sa fenêtre aux rideaux écartés ; vêtue à la mode du second Empire — elle portait encore la crinoline, vingt ans après, à la veille de sa mort — Léontine de Villeneuve intimidait son petit visiteur occitanien ; mais son frère, le marquis de Villeneuve, vieillard à la haute stature, les yeux couverts de « conserves » noires (car il était devenu aveugle), aimait à s'asseoir, sur un banc du parc, à l'ombre des châtaigniers, et à interroger l'enfant, vite rassuré par sa bonté tout ensemble souriante et grave.

de l'Immaculée Conception (Couvent Bleu), à Castres, sur la rive gauche de la Durenque.

La marquise de Villeneuve-Arifat, proche parente de Léontine, « maître ès-jeux floraux », a laissé, elle aussi, des pages littéraires estimées. En juillet 1838, l'Académie des Jeux floraux reçut Chateaubriand, descendu dans l'hôtel dit « de France », place Saint-Étienne, où habitaient aussi les Castelbajac (voir le billet de Chateaubriand, à sa date). Après le dîner, Adolphe de Castelbajac — le mari de l'Occitanienne — l'introduisit à la séance de l'Académie toulousaine, où il fut reçu par M. de Lamartinière, *modérateur*, entouré des Lavergne, de Malaret, Caubet, Tajan, Ducos, Decampe, etc. L'allocution émue de Chateaubriand figure au procès-verbal.

Le comte de Castelbajac mourut à Toulouse le 11 février 1864, 16, rue du Rempart-Saint-Étienne. Sa veuve, en 1872, vint habiter, jusqu'à sa mort, avec les fréquentes interruptions de ses séjours à Hauterive et à Fourquevaux, au Jardin Royal, nº 3 (au nord-ouest du Grand-Rond), chez Mme de Martin de Thézan — actuellement domiciliée à Paris.

Il était le père de Roger de Villeneuve, l'un des officiers survivants de la défense de Villersexel en 1870, mort à la veille de la Guerre et dont le second fils François, aviateur militaire, fut glorieusement tué à l'ennemi.

Léontine de Villeneuve a raconté, dans ses *Mémoires*, inédits encore, ce que furent son enfance et sa jeunesse, à Toulouse et à Hauterive, pendant la Restauration. Le manoir d'Hauterive domine le Thoré, affluent riant de l'Agout, à cinq kilomètres de Castres et à moins d'une lieue de Labruguière. Son possesseur actuel, le marquis Louis de Villeneuve, marié à Mlle de Carayon-Latour, petite-nièce de Chateaubriand — singulière rencontre du destin ! — a respecté les assises féodales, les douves et les tours antiques du castel, un des plus anciens du Midi. On se rendait à Castres, vers 1820, dans des berlines traînées par des bœufs ou à cheval, tant était dépourvue de chemins praticables la région pittoresque des Causses et du septentrion de la Montagne-Noire.

Le village d'Hauterive et son manoir sont dominés, à une portée de fusil, par la Roque Rouge, dont les escarpements surplombent le Thoré et d'où, en 1814, Léontine et les siens, l'oreille collée au sol, écoutaient les sourdes rafales de l'artillerie du maréchal Soult, défenseur de Toulouse contre Wellington.

C'est à Toulouse, au Jardin royal, numéro 3, dans la maison de Mme M. T. de Martin, née de Thézan

d'Hautpoul, que Mme de Castelbajac est morte,
le 5 avril 1897, cinq années avant d'être centenaire !
Elle était née aussi dans la capitale « occitanienne »,
place Mage, le 31 janvier 1803. L'amour de René
— qu'il aimait romantiquement à déclarer maudit
et fatal à toutes ses amies — n'avait, on le voit,
pu porter malheur à l'Adèle de Castres et de Cauterets ; la pureté de la jeune fille avait triomphé
du « mauvais ange ».

Sa petite-fille, Mme de Saint-Roman, nous a
raconté sa mort en ces termes :

« Elle est morte dans mes bras... Dès qu'elle
se sentit malade, elle sourit en nous voyant
tous inquiets et désolés : « Mais c'est la fin,
« nous dit-elle, mes chers enfants ! A mon âge,
« pour durer, il faut ne rien avoir. Une con-
« sultation?... Pourquoi?... Toute la science du
« monde n'y fera rien ! Ce n'est pas une maladie
« classée ; je vais mourir d'avoir assez vécu, voilà
« tout ! »

« Son agonie fut, cependant, longue et douloureuse ; mais elle la supporta avec un stoïcisme
enjoué. Ses derniers moments furent sublimes.
Elle paraissait entrevoir les splendeurs du ciel et
être éblouie de leur rayonnement. Au dernier moment, elle parlait à son mari comme s'il était venu
au-devant d'elle.

« L'archevêque de Toulouse, Mgr Mathieu, était
à son chevet. Il n'était pas son confesseur ; mais il
avait daigné venir assister, dans ses derniers ins-

tants, la personnalité éminente qu'elle était par sa haute intelligence et par ses vertus... »

Léontine de Villeneuve, comtesse Adolphe de Castelbajac, repose dans le caveau de sa famille au cimetière de Terre-Cabade, à Toulouse. Le monument, très simple, se profile au bord du ciel que le soir tombé sur la ville rose-brique nuance de chrome et d'écarlate. Ému du même respect pour la vie et pour la mémoire d' « Adèle », le visiteur attardé dans la cité calme des morts pourra regarder le dernier asile de « la vierge aux rochers », se détachant sur le vieux cyprès qui l'avoisine, et murmurer désormais le nom romantique, si longtemps mystérieux, de « l'Occitanienne ».

P.-B. G.

NOTE BIBLIOGRAPHIQUE

CHATEAUBRIAND, *Mémoires d'outre-tombe*, troisième partie, livre XIII : « Les Pyrénées. Aventures. Ministère Polignac. Ma consternation... » Édition E. Biré, t. V, p. 234 à 243, Garnier, éditeur.

Comte DE MARCELLUS, *Chateaubriand et son temps*, Michel Lévy, 1859 (p. 373-374).

Victor GIRAUD, « Chateaubriand et les Mémoires d'outre-tombe », dans la *Revue des Deux Mondes* du 1er avril 1899.

Cet article publie pour la première fois les pages autographes conservées à la Bibliothèque nationale, et pose la question de l'*Occitanienne*. On le retrouvera dans le livre du même auteur : *Chateaubriand, études littéraires*, 2e édition. Hachette, 1912.

Un dernier amour de René : Correspondance de Chateaubriand avec la marquise de V... Perrin, 1903.

Eugène MELCHIOR DE VOGUÉ, « les Inconnues de Chateaubriand » (*Gaulois* du 2 décembre 1904).

Pierre-Maurice MASSON, article dans la *Revue d'histoire littéraire de la France* (janvier-mars 1905).

Émile FAGUET, « Amours d'hommes de lettres » (*Société française d'imprimerie et de librairie*, 1907).

Gabriel FAURE, *Chateaubriand et l'Occitanienne*. L. Carteret, 1920.

— *Les Amours de Chateaubriand et de Mme de Vichet*. Crès, 1921.

— *Pèlerinages passionnés*, 2e série, Fasquelle, 1922.

Paul GAUTIER, « Une énigme littéraire, » étude critique sur un manuscrit de Chateaubriand. *Revue d'histoire littéraire de la France* (octobre-décembre 1920).

Victor GIRAUD, *Amour et Vieillesse de Chateaubriand.* Reproduction en phototypie du manuscrit autographe de la Bibliothèque nationale (E. Champion, 1922).

Baron DE BLAY DE GAÏX. *Coraly de Gaïx*, correspondance et œuvres. Honoré Champion, 1912. Avec une introduction d'Armand PRAVIEL, reprise dans *Provinciaux*, Renaissance du Livre, s. d.

Maurice LEVAILLANT, *Splendeurs et Misères de M. de Chateaubriand* (éditions Ollendorff chez Albin Michel, 1922).

Louis DE SANTI, « L'Occitanienne », dans *la Vie politique et littéraire*, 15 octobre 1923.

Victor GIRAUD, « L'Occitanienne » de Chateaubriand, dans le *Supplément littéraire du Gaulois*, 30 août 1924.

Comte BEGOUEN, *les Souvenirs de la comtesse de Castelbajac*, l'« Occitanienne » de Chateaubriand, dans le *Journal des Débats* du 28 novembre 1924.

Maurice LEVAILLANT, « le Roman de l'Occitanienne et de Chateaubriand », dans le *Supplément littéraire du Figaro*, 29 novembre 1924.

— « L'Occitanienne, la Confession de Chateaubriand, » *idem*, 6 décembre 1924.

Duc DE BROGLIE, « Mémoires », dans la *Revue des Deux Mondes* du 15 décembre 1924.

Victor GIRAUD, « Chateaubriand et l'Occitanienne, » *Revue des Deux Mondes* du 15 janvier 1925.

Gabriel FAURE, *Ames et décors romanesques*. Fasquelle, 1925.

Auguste DUPOUY, *Chateaubriand et l'Occitanienne*, dans *la Bretagne touristique* du 15 mars 1925.

TABLE DES MATIÈRES

Cet ouvrage a été achevé d'imprimer par

Plon-Nourrit et Cie,

à Paris, le 27 mai 1925.

DERNIÈRES PUBLICATION

Antoine ALBALAT
Comment on devient écrivain.
Pierre ALYPE
L'Empire des Négus.
Philippe BARRÈS
La Guerre à vingt ans.
Maurice BEAUFRETON
Saint François d'Assise.
Henry BORDEAUX
L'Amour et le Bonheur, *nouvelles*.
L'Appel du divin ou Maurice Barrès
en Orient.
Charles DE BORDEU
Un Cadet de Béarn, *roman*.
Paul BOURGET
Conflits intimes, *nouvelles*.
F. CAMBO
Autour du fascisme italien.
Maurice CAUDEL
Pour les étudiants étrangers en France.
Paul CAZIN
L'Hôtellerie du Bacchus sans tête, *roman*.
Gaston CHÉRAU
La Maison de Patrice Perrier, *roman*.
André CHEVRILLON
La Bretagne d'hier : l'Enchantement
breton
Lucien DUBECH
Le Théâtre (1918-1923).
Louis GILLET
Lectures étrangères. 2e série
Emile HENRIOT
Aricie Brun ou les vertus bourgeoises
(Prix du Roman. Ac. franç. 1924).
Edmond JALOUX
L'Alcyone, *roman*.
La Fin d'un beau jour, *roman*.
Lily JEAN-JAVAL
Noémi, *roman*.
Pierre LAFUE
La Restauration de l'empire bismarckien.

Henri LAVEDAN
Le Chemin du salut : Madame L
roman. 2 vol.
P. Martial LEKEUX
Maggy.
Pierre LOTI
Lettres à Mme Adam.
Jean MAUCLÈRE
Tiotis aux yeux de mer, *roman*.
Ferdinand OSSENDOWSKI
Bêtes, hommes et dieux.
Lewis Stanton PALEN
Le Diable blanc de la Mer noire.
Comtesse Jean DE PANGE
Madame de Staël et François de Pang
Ernest PÉROCHON
Huit gouttes d'opium, *nouvelles*.
Ch. Lucas DE PESLOUAN
L'Inconnu de ma maison d'Auteuil
roman.
Joseph DE PESQUIDOUX
Le Livre de raison.
Mse DE PINDRAY D'AMBELLE
Monsieur de Puyloubard, *roman*.
Comte DU PLESSIS
La Vie héroïque de Jean du Plessis.
Jean DU PLESSIS
Les grands dirigeables dans la paix et
dans la guerre.
Georges POPOFF
Sous l'étoile des Soviets.
Jacques ROUJON
La Vie et les Opinions d'Anatole France.
Charles SILVESTRE
Aimée Villard, fille de France, *roman*.
(Prix Revel 1924).
Frank SWINNERTON
Nocturne, *roman*.
J. et J. THARAUD
L'An prochain à Jérusalem !
La vie et la mort de Déroulède.
K. WALISZEWSKI
Le Règne d'Alexandre Ier. Tome III.

PARIS. — TYP. PLON-NOURRIT ET Cie, 8, RUE GARANCIÈRE — 31912-I-17.